내가 만든 하나님

최규택 | 옮긴이

한양대학교 경제학과와 서강대학교 대학원에서 경제학(MBA)을 공부하였다. 번역서로는 루이스 마르코스의 「C.S. 루이스가 일생을 통해 씨름했던 것들」*Lewis Agonistes*, 조안 치티스터의 「시련 그 특별한 은혜」*Scarred by Struggle, Transformed by Hope*, 헨리 나우웬의 「영원한 계절」*Eternal Seasons*, 클리포드 윌리엄스의 「마음의 혁명」*Singleness of Heart*, 스토미 오마샨의 「기도의 힘」*The Power of Praying*, 돈 파이퍼의 「천국에서 90분」*90 Minutes in Heaven*, 맥스 루케이도의 「청소년을 위한 예수님처럼」*Just Like Jesus*, 폴 틸리히의 「믿음의 역동성」*Dynamics of Faith*, 필립 얀시의 「육체속에 감추어진 영성」*In His Image*, 헨리 나우웬의 「두려움을 이긴 사랑」*Love in a Fearful Land*, 크리스틴 사인 & 톰 사인의 「하나님 목적 나의 목적」*Living on Purpose*(이상 그루터기하우스) 등이 있다.

내가 만든 하나님

2007년 8월 25일 초판 1쇄 인쇄
2007년 8월 30일 초판 1쇄 발행

지은이 도널드 맥컬로우
옮긴이 최규택
펴낸이 정병석

도서출판 그루터기하우스
서울특별시 강남구 논현동 95-2호 대호빌딩 4층
Tel 514-0655 | Fax 546-6162
gruturgi21@hanmail.net
등록 2000년 11월 28일 제16-2289호
ISBN 978-89-90942-17-3 03230

The Trivialization Of God
Copyright ⓒ 2006 by Donald W. McCullough
Originally Published in the U.S.A.

Korean Edition ⓒ 2007
by Gruturgi House Publishing Co., Seoul, Korea

본서의 한국어판 저작권은 KCBS를 통하여 Donald W. McCullough와 독점 계약한 그루터기하우스에 있습니다.
저작권법에 의하여 한국 내에서 보호를 받는 저작물이므로 무단전재와 복제를 금합니다.

그 중에 십분의 일이 오히려 남아 있을지라도 이것도 삼키운바 될 것이나 밤나무, 상수리나무가 베임을 당하여도 그 그루터기는 남아 있는 것 같이 거룩한 씨가 이 땅의 그루터기니라 (이사야 6:13).

상황에 따라 하나님을 도구로 여기는 신앙

내가 만든 하나님

도널드 맥컬로우 지음
최규택 옮김

그루터기하우스

The Trivialization Of God

차례

감사의 글　7

1. 하나님을 가볍게 여기는 시대　11
2. 잡동사니 신들 앞에서　33
3. 우상의 신전에서　51
4. 불가지론(不可知論) 찬양　73
5. 하나님의 자기계시　89
6. 소멸하는 불　113
7. 새로운 공동체로의 전환　131
8. 예배 공동체　153
9. 말씀 공동체　175
10. 사랑의 공동체　207

주　231

감사의 글

이 책의 집필은 내가 14년 동안 기쁨과 열정으로 목회한 솔라나 장로교회에서 시작되었다. 이 신실한 성도들의 모임은 내 삶을 여러 면에서 아름답게 빛내 주었다. 그들은 나와 함께 기쁨과 슬픔을 나누었고, 나의 지도력을 신뢰하였고, 나의 재능을 인정해 주었다. 또한 나의 연약함을 감내하고, 나의 가족을 사랑으로 돌아보고, 내가 더 나은 그리스도의 제자가 되도록 격려해 주었다. 나는 지금도 목자의 심정으로 그들을 깊이 사랑하며 그리워한다.

이 책을 마무리하기 얼마 전, 나는 샌프란시스코 신학대학원 학장이 되어달라는 요청을 수락하였다. 그것은 쉬운 결정이 아니었다. 그러나 나는 그것을 하나님의 부르심으로 알고 그곳에서 새로운 모험을 감행하기로 했다. 학교 동료들은 나를 따뜻하게 맞아주었다. 나는 이제 미래의 교회 지도자들을 훈련시키는 사역을 시작하게 된 것이다.

교육기관을 이끌어 가는 방법을 익히면서, 동시에 한 권의 책을 마무리한다는 것은 쉬운 일이 아니었다.

캐시야니는 작가를 꿈꾸고 있는 뛰어난 글재주의 소유자였다. 그는 비평해야 할 때와 수긍해야 할 때를 알았고, 주장해야 할 때와 양보해야 할 때를 알았다. 그의 지혜와 총명, 협력과 우정은 이 책이 더 나은 작품이 되게 하는데 많은 도움을 주었다.

수지 디즐랜드는 마지막 4년 반 동안 행정 보조 역할을 훌륭하게 수행해 주었다. 그의 성실하고 효율적인 도움으로 이 책은 내 생애에서 빛을 보게 되었다. 또한 베티 와그너는 내가 새로운 일을 역동적으로 해 나갈 수 있도록 도전과 협력을 아끼지 않았다.

나는 이 책의 첫 장을 제리와 페티, 피리시오토의 집 근처 뉴햄프셔의 아름다운 단풍나무 아래서 썼다. 그 이후의 여러 장들은 유명한 오트밀 쿠키를 매일 가져와 건강을 지켜 준 아트 젠센의 집에서 썼다. 나는 이러한 친구들의 배려에 고마움을 전하고 싶다.

아내 카렌과 딸 제니퍼와 조는 내가 책을 저술했던 산고의 기간 뿐 아니라 우리 가정이 생활의 변화를 겪었던 기간 내내 사랑의 버팀목이 되어 주었다. 이처럼 내게 호의를 베풀어 준 사람들은 너무도 많다.

이 책에 기록된 많은 아이디어들(특히, 하나님의 거룩함에 대한 나의 이해)은 내가 에딘버러 대학에서 박사 과정을 밟는 중에 생겨난 것들이다. 나의 논문 지도교수는 루이스Dr. Alan Lewis 목사였다. 그는 연구에 탁월성을 요구하기로 유명하고 엄격한 분이었지만, 나는 그분과의 지적 교류를 통해 소중한 우정을 발전시켜 나갔다. 그는 명석한 두뇌와 겸손한 영혼 그리고 열정적인 신앙과 온유한 마음을 소유한 분이었다. 지금까지도 나는 신학, 정치학 그리고 소설들에 관해 그와 나누었던 대화가 그립다. 그의 격려와 예기치 않게 튀어나오던 웃음소리가 그립다. 경쾌한 아일랜드 사투리로 "당신의 가족에게 하나님의 평안과 축복이 함께하길"하고 말하던 그의 모습이 그립다. 그의 갑작스런 죽음은 내 생애에 얼마나 큰 고통의 흔적을 남겼는지 모른다. 그가 고통 중에 누워 있을 때, 나는 이 책을 그에게 헌정하겠다고 말했다. 그는 당혹해하면서도 기뻐하는 듯 보였다. 그것은 우리가 나눈 마지막 대화였다.

우리는 더 안전한 신에 대한 환상을 가지려고 한다.
그래서 우리는 우리가 다루기 쉬운 곳으로
하나님을 데려가고 있다.
우리는 하나님을 가볍게 여기는 시대를 살고 있다.
이것은 실로 하나님의 백성들에게 있어
항상 '유혹거리'였고, '실패거리'였다.
우리는 골치 아픈 신보다는
우리 마음에 맞고 숭배하기 쉬운 신을 더 좋아하기 때문에
우상을 재구성해 내고 있다.

1. 하나님을 가볍게 여기는 시대

주일 아침마다 교인들은 설교를 잘 듣고, 헌금을 잘 내고, 영적 성숙을 추구함으로 하나님과 편안한 관계를 맺고 있는 것처럼 보인다. 그런데 왠지 그들에게서 경외감과 신비감 같은 것들은 찾아보기가 어렵다. 오직 설교자만이 설교가 성공적으로 끝날지 긴장하고, 봉헌송을 하는 독창자만이 무릎을 떨고 있다.

성경은 "그러므로 우리가 진동치 못할 나라를 받았은즉 은혜를 받자, 이로 말미암아 경건함과 두려움으로 하나님을 기쁘시게 섬길지니 우리 하나님은 소멸하는 불이심이라"(히 12:28-29)라고 경고한다. 그러나 경건함과 두려움은 종종 아무 감각 없이 하품으로 대체되고 있다. 소멸하는 불은 조금은 종교적 분위기를 더하나, 열기도 없고, 눈을 부시게 하는 빛도 없고, 정화시키는 힘도 없는 촛불의 불꽃으로 길들여지게 되었다.

좀 더 정확히 말하자면, 교회의 역사적인 관점에서 볼 때 부분적인 빛에서든지 혹은 영원하고 완전한 빛에서든지 현대 교회가 저지르고 있는 가장 사악한 죄는 하나님을 만홀히 여기는 것이다.

"왜 교회에 다니는 사람들은 절대자의 패키지 여행에 나선 들뜨고 어리석은 여행자처럼 보이는가?"라고 애니 딜라드Annie Dillard는 질문했다.

대체로 나는 교회 밖에서 현실 상황에 민감한 기독교인을 발견할 수 없다. 우리가 도움을 청하는 어떤 권능자에 대해 희미하게나마 의식을 가지고 있는 사람들이 있는가? 아니, 내가 의심하는 것처럼 아무도 그분의 말을 믿지 않는 것은 아닌가? 교회는 일요일 아침 시간을 보내기 위하여 TNT(trinitrotoluene-고성능 폭탄) 1회분을 섞은 화학 폭탄을 가지고 거실에서 놀고 있는 아이와 같다. 교회에 갈 때 숙녀용 밀짚모자와 벨벳 모자를 쓰는 것은 정신이 나간 짓이다. 우리는 모두 깨진 헬멧을 써야 한다. 교회 관리인들은 구명 기구와 신호용 랜턴를 내줄 것이다. 그리고 우리를 자리에 동여 맬 것이다. 왜냐하면 잠자는 신이 언젠가는 깰 것이고, 공격할 것이고, 혹은 깨어난 신이 우리를 결코 돌아올 수 없는 곳으로 끌어낼지도 모르기 때문이다.[1]

우리는 더 안전한 신에 대한 환상을 가지려고 한다. 그래서 우리는 우리가 다루기 쉬운 곳으로 하나님을 데려가고 있다. 우리는 하나님을 가볍게 여기는 시대를 살고 있다. 이것은 실로 하나님의 백성들에게 있어 항상 '유혹거리'였고, '실패거리'였다. 우리는 골치 아픈 신보다는 우리 마음에 맞고 숭배하기 쉬운 신을 더 좋아하기 때문에 우상을 재구성해 내고 있다.

하나님과 금송아지

B.C. 1350-1200년 무렵, 여호와 하나님께서는 히브리 노예들을 애굽의 속박에서 해방하셨다. 또한 모세를 사용하셔서 당신의 구원방법을 보여주셨다. 당시 하나님께서는 오늘날 우리가 십계명이라 부르는 계명들을 통해서 그들에게 중요한 사실을 상기시키셨다. "나는 너를 애굽 땅 종 되었던 집에서 인도하여 낸 너의 하나님 여호와로다." 이 말은 다음과 같이 표현될 수 있다. "내가 구원의 하나님인 것을 잊지 말아라. 다른 신들은 구원할 수도 없고, 속박으로부터 이끌어낼 수도 없다. 너는 나를 마음 중심에 두고 살아야 한다."

"너는 내 앞에 다른 신을 두지 말지니"라는 계명이 첫 번째로 주어진 것은 이 계명이 이어지는 모든 계명들의 모체가 됨을 암시한다. 한편 두 번째 계명은 첫 번째 계명의 의미가 확대된 것이다. "너는 너 자신을 위하여 우상을 만들지 말지니 하늘 위에 있는 것이든지 땅 아래 있는 것이든지 혹은 땅 아래 수면에 있는 것이든지 아무 형상이든지 만들지 말라." 하나님으로부터 돌아선 사람들은 자기 자신이 만든 신을 갖고 있고, 이 거짓 신들은 불가피하게 인간의 삶 속에서 구체적인 형태로 나타난다. 우상은 하나님에 대한 잘못된 이미지가 구체화된 것이다.

모세가 산 위에서 계명을 받고 있을 때조차 그 백성들은 하나님으로부터 돌아섰다. 그들은 참을성을 잃어버렸다. 황폐한 광야로 그들을 이끌어낸 분은 과연 어디에 계시단말인가? 그들은 그들이 필요할 때 불러낼 수 있는 신을 원했고, 미래를 향한 여행에 실질적인 도움을 줄 수 있는 신을 원했다.

그래서 그들은 다른 신을 형상화 해냈다. 그들은 자기들의 상상력을 동원하여 금송아지를 만들어 냈던 것이다. 그들은 자기들을 구해준 하나님을 버렸다고는 생각하지 않았다("이스라엘아, 이는 너희를 애굽 땅에서 인도하여낸 너희 신이로다"). 그들은 하나님을 자기들의 기대와 요구에 맞게, 자신들의 욕구를 충족시키기 위해 자기들만의 것으로 변형시켰다. 그들은 하나님을 훨씬 다루기 쉬운 신으로 변형시켰다. 구원의 하나님을 하찮은 신으로 대체시켰다.

하나님께서 다른 신들을 멀리하게 하기 위해 자기 백성인 이스라엘 사람들에게 주신 계명은 아무런 소용이 없게 되었다. 구원받은 사람들도 때로는 하나님을 진심으로 예배하지 못할 때가 있다. 왜냐하면 하나님께서는 너무나 멀리 계시고, 너무나 천천히 나타나시고, 너무나 불친절하신 분처럼 보인다. 즉 하나님께서는 우리의 개인적인 욕구를 쉽게 충족시켜주지 못하는 분으로 보인다. 그럴 때마다 우리의 욕망은 즉시 만족을 줄 수 있는 다른 신에게로 마음을 돌린다. 그러나 한순간의 쾌락이 지나가고 나면 훨씬 더 큰 허무감이 찾아온다. 우리는 일방적으로 순결을 포기하고 구원의 하나님께서는 배반을 당하신다.

고대 이스라엘로부터 현대 교회에 이르기까지 구원받은 사람들의 역사는 다른 신을 위하여 하나님을 버리라는 유혹에 계속적인 도전을 받아왔음을 보여준다. 이런 차원에서 지금의 우리는 우리의 선조들보다 훨씬 위험한 시대에 살고 있는지도 모른다.

경외감의 상실

영국의 물리학자 아이작 뉴턴Isaac Newton이 만유인력의 법칙을 발표했을 때, 우주는 더 이상 하나님의 간섭을 받는 곳이 아니라 단지 합리적, 경험적으로 판단할 수 있는 법칙에 의해 움직이는 곳처럼 여겨지게 되었다. 물론 뉴턴은 신앙인이었기 때문에 자신은 창조주 하나님께서 세우신 법칙을 단지 발견만 했을 뿐이라고 말했다. 그러나 18세기가 지나면서 하나님께서는 더욱 구석으로 밀려나시게 되었다. 그분께서는 단지 어떤 불규칙한 사건을 설명할 때에만 필요한 존재가 되셨다. 이후 모든 것들이 과학적 이론에 의해 설명될 수 있다는 신념이 더욱 확산되면서 급기야 하나님께서는 완전히 인간의 생각 밖으로 밀려나게 되었다. 그분께서는 그저 시간을 창조하신 분으로서 시계 태엽을 감아 시간이 계속 흘러가도록 하시는 분으로만 남게 되었다.

우리 시대의 이론 물리학자들은 상대성 이론과 양자역학 이론을 가지고 뉴턴의 이론으로 예측할 수 있던 우주관을 깨뜨렸다. 아인슈타인은 "우리가 경험할 수 있는 가장 아름다운 것은 신비이다. 그리고 그것은 모든 예술과 과학의 근원이다."[2]라고 말했다. 하지만 그의 말 때문에 지난 200년간의 영향력이 완전히 사라진 것은 아니었다. 또 그는 "우리 시대에 가장 큰 특징은 수단과 목적의 혼동이다."[3]고 말했다. 그의 말의 의미는 과학적인 방법이 신비한 것을 탐험하기 위한 수단으로 사용되는데, 어쩐지 수단이 목적을 이기고 있다는 것이다. 설명하는 힘을 가진 과학에 대한 확신은 신비를 만물의 완전한 지식을 얻으려는 노정 가운데 놓인 일시적인 무지의 정거장쯤으로 남아 있게 했다.

고생물학자인 스티븐 제이 고울드 Stephen Jay Gould 는 인간의 생애를 다음과 같이 요약했다. "한 희귀한 물고기 떼가 다리로 변형될 수 있는 특별한 지느러미 구조를 가지고 있었기 때문에, 지구가 빙하 시대 동안 완전히 얼지 않았기 때문에, 또한 25만 년 전에 아프리카에서 생겨난 작고 빈약한 생물들이 지금까지 살아남아 이럭저럭 지내왔기 때문에 우리가 존재할 수 있게 되었다. 우리는 더 고상한 대답을 원하지만 그런 대답은 없다."[4]

나는 고울드가 어떤 과학적 근거를 가지고 "더 고상한" 답

변은 없다는 것을 증명했는지 묻고 싶다. 그는 신으로부터가 아니라, 경험적인 조사 과정을 통해 종교적인 믿음을 설명했던 것처럼 보인다. 그러나 그것은 다른 책에서 다룰 주제이다. 내가 말하고자 하는 것은 과학 혁명이 신비함을 하나님과 함께 생의 가장자리로 밀어내는 경향이 있어왔다는 것이다. 하지만 이것은 올바른 과학적 태도가 아니다. 앞에서 말했던 것처럼 뉴턴도 자신이 한 것이라곤 그저 창조의 법칙을 발견한 것이라고 믿었다. 뉴턴 뿐 아니라 동시대에 많은 과학도들도 창조에 대한 믿음을 가지고 있었다. 하지만 오늘날 많은 과학자들은 고의든 고의가 아니든, 어떤 목적을 위하여 신비스러운 것들을 몰아내고, 측정 가능한 것들만을 신봉한 채 초월적인 것들은 무시하고, 하나님을 자비하지만 불필요한 존재로 취급하면서 그분을 우주한 구석으로 내몰고 있다.

신의 초월성에 대한 자연과학의 도전은 사회과학에 의해 더 강화되었다. 특히 심리학은 지그문트 프로이트 Sigmund Freud의 영향으로 하나님을 인간의 필요와 욕구에 의해 생겨난 심리적 투사물이라고 확신하게 되었다. 사회학 역시 지식은 사회적 상호관계 안에 있는 역동적 사건을 통해 드러난다는 가설을 가지고 하나님을 인간이 만들어 낸 존재라고 보게 되었다.[5]

인간은 하나님의 자리에 '통제'와 '설명'을 가져다 놓았다. 과학적 조사는 이론의 신뢰도를 확보하기 위해 관련된 변수(종종 실험장치)를 통제할 것을 요구한다. 예측될 수 있는 규칙적인 결과가 반복될 때 어떤 이론은 법칙이 된다. 그리고 그 법칙을 더 확고히 '통제' 하기 위해 '설명' 은 더 많은 지식을 제공한다. 그리고 통제권이 증가하면 할수록 하나님은 더 필요없게 된다.

우리의 선조들은 신비의 세계, 즉 통제할 수 없고 설명할 수 없는 힘의 세계에서 살았다. 프레드릭 부쉬너Frederick Buechner의 소설에서 성경의 인물 야곱은 이렇게 말했다.

> 잎사귀를 떨게 하는 공기가 없을 때 잎사귀를 떨게 하는 것이 무엇인지, 젖이 있다는 것을 알기도 전에 송아지가 젖을 찾도록 하게 하는 것이 무엇인지 누가 알 수 있었으리요? … 여인이 월경을 하고 남자의 성기가 저절로 일어났다가, 부끄럽게도 저절로 주저앉아 버리는 이유가 무엇인지 누가 말할 수 있으리요? 누가 꿈에 대해 알 수 있으리요? … 경외에 대해 누가 알 수 있으리요?[6]

오늘날 어느 누구도 이런 질문을 하지 않는다. 우리 모두 아니 최소한 몇몇 사람만이라도 그 해답을 이미 알고 있다. 하지만 과학자들이라고해서 자연의 모든 부분을 통제할 수 있는 것은 아니다. 이 세상에는 그들조차 모르는 것들이 너무나 많이 존재한다. 더 많은 시간과 돈이 주어진다면 많은 답들이 나올 수 있을지 모른다. 아직까지 에이즈를 정복하지 못한 것도 어쩌면, 그에 대한 연구가 충분히 이루어지지 못했기 때문일 수 있다. 하지만 시간과 돈의 투자가 모든 것을 설명할 수 있는가? 우리는 일단 통제하면 설명할 수 있을 것이라고 믿는다.

우리의 사고방식은 문화의 영향에서 쉽게 벗어날 수 없기 때문에, 통제와 설명의 정신이 신에 대한 우리의 견해에 악영향을 미치는 것은 당연하다. 그것의 영향으로 우리는 신을 우리가 지배할 수 있는 신, 우리가 세상의 주도권을 잡는 것을 방해하지 않는 신으로 보게 되었다. 경외감을 일으키지는 않지만 우리의 안전을 위협하지 않는 신으로 말이다.

우리는 신비에 익숙하지 않기 때문에 꿇어 엎드린 아브라함, 두려워 숨는 모세, "내가 망하게 되었구나"라고 외친 이사야, 완전히 실패한 사울의 모습 같은 것은 생각지도 않는다. 우리는 찰스 윌리엄스Charles Williams가 그의 책에서 묘사한 사람들을 닮았다. "그들의 종교는 부드러움 - 경건한 희망, 독실한 외침, 우주에 대한 일반적인 교감은 있다. 그러나 혼란과 당황스러움은 없다. 고뇌도 없고 어둠도 없고 영원한 빛도 없다."[7]

침묵에 대한 조바심

우리들이 더 친절한 신을 만들려는 두 번째 이유는 우리가 어려웠던 시대에 하나님께서 침묵하셨던 것처럼 보였기 때문이다. 이스라엘 사람들이 보이지 않는 하나님보다 보이는 우상을 더 좋아한 것처럼, 우리는 우리와 함께 있는 신, 우리 옆에서 의

지가 되는 신, 우리의 문제에 해답을 줄 수 있는 신을 좋아한다.

인간은 제2차 세계대전 동안 소련 강제수용소에서, 한국과 인도차이나 반도, 중앙 아프리카의 전쟁에서 그리고 남아프리카, 북아일랜드, 발칸 반도에서의 내분 속에서 상상할 수 없는 대량학살이 감행된 것을 보고 하나님은 어디에 계셨는지 의심스러워했다. 그래서 인간은 과학기술을 더 신봉하게 되었다. 인간 본성은 나빠지지 않겠지만, 인간은 분명 악마 같은 힘으로 죽음을 확산시킬 수 있는 과학 기술을 더 추앙하게 될지도 모른다.

아우슈비츠 수용소의 생존자 엘리 위젤Elie Wiesel은 그곳에서 만났던 폴란드 출신 랍비에 관해 이렇게 말했다.

> 허리가 굽은 노인은 항상 입술을 떨고 있었다. 그는 수용소 안에서, 뜰에서, 행렬 가운데서 항상 기도하곤 했다. 그는 자기 혼자 논쟁하고, 질문하고 대답했다. 그는 자기가 암기하는 탈무드의 모든 문구를 암송했다. 어느 날 그런 그가 내게 이렇게 말했다. "끝났다. 하나님은 더 이상 우리와 함께 하시지 않는다."
>
> 그는 그런 말을 한 것을 회개했지만 힘없는 목소리로 이런 말을 덧붙였다.
>
> "나는 인간이 이런 말을 할 권리가 없다는 사실을 안다네. 인간은 너무 작고, 비천하고 하찮은 존재라서 하나님의 신비를 이해할 수 없지. 이제 내가 어떻게 해야 되겠나? 나는 현자도 성인도 아니네. 나는 단지 육체와 피를 가진 평범한 피조물인데 말

일세. 나는 여기서 내 눈으로 내 아들이 자행하는 짓들을 보고 있네. 자비하신 하나님은 어디에 계시나? 하나님은 어디 계시지? 내가, 아니 어떤 사람이 자비의 하나님을 믿을 수 있겠나?"[8]

나치 수용소에서만 이런 질문을 하는 것은 아니다. 상대적으로 풍족한 삶을 사는 현대인들 역시 또 다른 질문을 한다. 인생이란 무엇인가? 왜 나는 허무감을 느끼나? 왜 나는 죽음과 직면해야 하는가? 만일 우리가 소유에 집착하지만 않는다면, 우리는 어떤 대답을 들을 수 있을지도 모른다. 하지만 계속되는 심한 고통의 파도가—자식이 죽고, 배우자가 이혼을 요구하고, 의사가 암을 선고하는 등—우리를 덮칠 때, 고통에 시달려서 더 이상 견딜 수가 없을 때, 우리는 소리쳐 도움을 청할 뿐이다.

우리는 종종 용기를 북돋우는 소리가 들리지 않고, 우리를 건지시는 도움의 손길을 느낄 수 없을 때를 경험한다. 우리가 필사적으로 하나님을 필요로 할 때 하나님은 어디 계시는가?

때로 우리는 심한 외로움에 빠져 하나님이 침묵하고 계시다고 생각하기보다 하나님을 생각조차 하지 않는 것이 낫다고 여기기도 한다.

마릴린 몬로는 관능미와 공허감을 대표하는 우리시대의 우상이자 심벌이다. 아더 밀러는 그의 자서전에서 그녀와의 결혼생활을 들려주었다. 영화 "어울리지 않는 사람들" The Misfits이 촬영되는 동안에 밀러는 먼로가 우울함과 절망감에 깊이 빠져드는 것을 보았다. 먼로의 망상증은 점점 더 심해졌고 그로 인해 밀러와 먼로의 관계는 점점 더 멀어졌다. 밀러는 늘 수면제에 의존해 잠을 청하는 먼로의 모습을 보면서 그녀를 걱정하기 시작했다. 어느 날 저녁 먼로는 의사에게 수면주사를 놓아달라고 부탁한 후 잠이 들었다. 밀러는 잠을 자고 있는 먼로의 모습을 바라보면서 기적을 간절히 바라는 자신을 발견했다. "그녀가 깨어났을 때 내가 그녀에게 '하나님은 당신을 사랑해'라고 말할 수 있다면 그리고 그녀가 그 말을 믿을 수 있다면 얼마나 좋을까? 그렇게만 된다면 나는 종교를 가지고 싶다. 그녀 역시 종교를 가졌으면 좋겠다."[9]

그러나 밀러는 믿음이 없었다. 방황하는 그녀를 사랑하고 보호해 줄 하나님을 만날 수 없었다. 칼럼니스트인 러셀 베이커 Russell Baker는 이와 비슷한 환멸감을 표현했다. 유년시절 일찍 아버지의 죽음을 맞이한 그는 이렇게 말했다. "그 후 나는 다시는 회개의 눈물을 흘리지 않았고, 하나님께 그 어떤 기대도 하지 않았다."[10] 무관심, 아마도 깊은 고통을 당하고 있는 사람들에게 이것은 인간과 하나님의 관계를 가장 잘 묘사하고 있는 말인지도 모른다. 성도들에 의해 열렬히 추앙받고 찬양받는 하나님의 모습이 단지 고의적으로 무시하는 벽같이 느껴진다. 철학자들은 이것을 "하나님의 침묵"(사르트르), "하나님의 부재"(야스퍼스)로 묘사했고 신학자들도 "하나님의 실추"(부버), 심지어는 "하나님의 죽음"(해밀톤)[11] 이라고까지 말했다.

현대 사회에서 "하나님의 침묵"이 더욱 깊어진 것처럼 느껴질수록 다른 목소리들은 더 강하게 커진다. 통신분야에서의 과학기술 발전은 원자폭탄보다 더 폭발적인 정보 혁명을 가져왔다. 인쇄기술과 전신기술을 발전시킨 구텐베르크나 모스도 최근 수십 년 동안에 이루어진 통신 기술의 발전을 상상하지는 못했을 것이다. 전화, 라디오, 텔레비전, 인공위성, 컴퓨터 등을 통해 수많은 정보가 홍수처럼 우리를 휩쓸고 있다. 예를 들어 미국인들은 매일 150개 이상의 상업 메시지를 받고 있다.[12] 그런데, 사회학자들은 지금 우리가 접하고 있는 정보는 2010년경에 접하게 될 정보의 3% 밖에 안 된다는 통계자료를 발표하고 있다. 이제 정보의 강물은 급속도로 불어나 성경에 기록된 정도의 홍수를 만들어낼 것이다.

우리는 이런 발전을 통해 무엇을 얻었는가? 많은 사실들을 알게 되었다. 그러나 진리를 알아냈는가? 우리는 메가 바이트megabyte, 사운드 비트 그리고 인포 비트InfoBeat를 만들어 냈다. 그러나 지혜를 만들어 냈는가? 뉴욕 대학의 통신학과 교수인 닐 포스트만Neil Postman은 이렇게 말했다. "정보와 인간의 목적 사이의 끈은 단단하다. 정보는 특정 사람들에게 치우치지 않고 모든 사람들에게 엄청난 용량과 속도로 무차별적으로 제공되기 때문에 이론과 의미와 목적을 상대화 시킨다."[13]

정보가 확산될수록 이 정보들을 여과시키고 통합하고 우선순위화 하는 힘을 가진 지배적인 진리가 필요하다. 어느 때보다도 우리는 모든 말들을 문법적 의미를 가진 것으로 만들어 줄 하나의 말씀이 필요하다.

불협화음의 음성이 난무한 이 시대에 가장 필요한 것은 절대적으로 믿을만한 목소리이다. 그러나 여전히 하나님께서는 침묵하고 계신 듯하다. 그래서 우리는 더 분명하게 느낄 수 있는 신, 복잡하고 혼란스러운 상황에서 확실한 길을 안내할 수 있는 신을 찾고 싶은 유혹에 빠진다. 어쩌면 그것은 당연한 일인지도 모른다.

자유분방한 개인주의

우리로 하여금 하나님을 저버리고 다른 신을 택하게 만드는 현시대의 세 번째 특징은 개인주의이다. "당신 자신의 일을 하라"는 말은 최근 유행어인데, 이것은 서구인의 깊은 정서를 반영한 말이다. 자유는 우리의 가장 고귀한 민족적 자산이지만, 우리는 이것을 개인적 내지는 개인주의적 방법으로만 정의해 왔다. 우리의 신화적인 영웅들은 미지의 세계를 헤쳐나간 결단력이 있는 사람들이었다. 그들에게 믿을 것이라곤 충성스러운 말과 다연발 권총 밖에 없었다. 이 용기가 넘치는 개척자들은 말을 타고 마을로 들어가 일을 해치우고는 구경꾼들에게 손을 흔들어 보이면서 마을을 빠져나오곤 했다. 이들이 바로 카우보이였다.

이러한 문화는 우리의 종교 생활에도 큰 영향을 미쳤다. 사회학자 로버트 벨라Robert Bellah와 그의 동료들은 「마음의 습관」 Habit of Heart 이라는 책을 통해 우리 속에 종교적 개인주의가 깊이 흐르고 있음을 지적했다.

> 심지어 17세기 매사추세츠에서도, 구원에 관한 개인주의적 체험이 교회 구성원으로서 인정받기 위한 전제 조건이 되었다. … 특히 신앙부흥 운동을 거치면서 개인적 체험에 대한 강조는 결국 교회에서 실시한 모든 훈련과 노력을 쓸모없는 것으로 만들었다.
> 18세기가 되자, 사람들은 각자 자기들의 취향에 맞는 종교 형태를 찾게 되었다. 19세기가 되자, 종교적 모임은 소비자 시장에서 서로 경쟁하게 되었고 개인의 종교적 취향의 변화에 따라 성장하거나 쇠퇴하게 되었다. 그렇다고 미국의 종교적 개인주의가 교회 안에서만 나타난 현상은 아니었다. 그것은 교회 밖에서도 다양한 형태로 나타났다. 그에 대한 한 가지 주목할만한 사실은 18세기에 이미 자신의 방법대로 종교를 믿는 개인들이 나타나기 시작했다는 것이다. 토머스 제퍼슨Thomas Jefferson은 "나 자신이 하나의 종파이다"라고 말했고 토머스 페인Thomas Paine은 "나의 정신이 나의 교회다"라고 말했다.[14]

그러나 최근에 들어 이러한 종교적 개인주의는 문화적 엘리트들에 한정되지 않고 상당수 교육 받은 중산층에까지로 확산

되었다.[15] 젊은 간호사 실라 라슨Sheila Larson은 다음과 같이 말하면서 자신의 신앙을 '실라주의Sheilaism - 영적 개인주의' 라고 정의하고 있다. "나는 하나님을 믿지만 종교적 광신자는 아니다. 내가 마지막으로 교회에 간 것이 언제였는지 기억할 수는 없다. 하지만 나의 믿음은 나를 먼 곳에 데리고 간다. 이것이 나의 작은 소리 '실라주의' 이다."[16]

문학 비평가 헤럴드 블룸Harold Bloom은 이 확산된 개인주의는 미국의 종교가 그 공식적인 명칭(남 침례교, 몰몬교, 크리스천 사이언스…)이 무엇이든지 간에 영지주의적임을 의미한다고 주장한다.

미국의 종교적 상황에서 자유란 미국인의 하나님, 미국인의 예수님과 하나 되는 것을 의미한다. 실제적으로 파악해 볼 때, 이것은 마음 깊은 곳에 있는 고독의 변형이다. 영혼은 홀로 서 있고 영혼보다 더 깊은 어떤 것, 실제의 나, 자아 혹은 불꽃은 영혼과 분리된다. 그리고 그것은 독립적인 하나님, 자유로운 하나님과 완전히 하나가 되면서 자유롭게 된다. 자아와 하나님이 매우 자유로이 교통하게 되었다는 것은 이미 자아가 하나님의 소유가 되었다는 것이다. … 이런 시각에 대한 사회적, 정치적 결과가 어떠하든지, 그것이 지닌 상상력의 힘은 대단한 것이다. 미국인들은 홀로 있지 않으면 실제적인 자유를 느낄 수 없다.[17]

우리의 문화적 가치를 증진시킨다는 면에서 이런 현상에 대한 사회 정치적 결과는 긍정적일 수 있다. 그러나 개인적 결과는 확실히 어두운 측면을 가지고 있다. 자유의 기쁨이 있다 하더라도 고독과 소외의 대가가 너무 크다. 하지만 더 중요한 점은, 이런 현상의 영향으로 하나님을 향해 갖는 우리의 이미지가 왜곡되게 형성될 수 있다는 점이다.

하나님께서 아브라함의 가족을 선택하여 구속의 역사를 시작하시는 창세기로부터 모든 눈물이 사라지고 하나님 나라의 이상이 실현되는 요한계시록에 이르기까지, 성경은 공동체를 통하여 그리고 공동체를 위하여 행하시는 하나님의 은총의 사역을 증거하고 있다. 그러나 미국 교회는 때때로 우리 문화 속에서 존재하는 개인주의를 분명하게 증거하고 있다.

오늘날, 매우 흔하게 볼 수 있는 카페테리아(셀프서비스) 스타일의 영성을 생각해 보자. 기독교인들은 다양한 요리를 시식하듯이 여러 교회로부터 꿀을 얻는다. 그들은 장로교회에서 설교를 듣고, 감리교회에서 찬양예배를 드리고, 성공회 교회에서 음악을 감상한다. 이런 식의 식사는 확실히 훌륭하고 많은 영양분을 공급하지만 필수적인 성장요소인 공동체의 결핍을 가져온다.

"예수를 당신의 마음속에 초대하세요."라는 복음적인 권고를 생각해 보라. 나는 이 표현이 요한계시록 3:20절 "내가 문 밖에 서서 두드리노니 누구든지 내 음성을 듣고 문을 열면 내가 그에게로 들어가서 그로 더불어 먹고 그는 나로 더불어 먹으리라"에서 왔다고 생각한다. 그러나 왜 많은 신학 사조들과 예수에 대한 "개인적인 초청"의 말들은 이 한 구절을 주관적으로 흡수하여 "예수는 주님"이라고 고백하게 하는 설득력 있는 사도적 부름에서 멀어지게 하는가? 그것은 바로 그것이 미국적 감성에 더 잘 맞기 때문이다. 내가 예수를 내 마음에 초청해도 나는 여전히 모든 일들을 지배하게 되고, 나의 개인적 자유는 결코 위협받지 않게 되는 것이다.

이것은 우리들이 갖고 있는 하나님의 이미지와 어떤 관계가 있는가? 개인주의적인 기독교는 불가피하게 개인적인 신을 만들게 된다. 서구 문화의 젖을 먹고 자란 사람들은 개인주의의 영향에서 쉽게 벗어날 수 없다. 하여튼 우리의 개인적 자유를 위협하는 하나님은 좀 더 다루기 쉬운 신으로 변형될 가능성이 크다.

우리의 욕망보다 더 큰, 우리에게 꼭 필요한

우리는 믿음의 선조들보다도 더 하나님을 잊어버리고 다른 신들을 선택하려는 유혹에 빠지기 쉬운 시대에 있다. 우리는 하나님의 초월성 앞에서 경외감을 상실했다. 하나님은 다른 정보가 상상을 초월할 만큼 넘칠 때에는 특히 침묵하신다. 서구인들은 철저히 개인주의의 틀에서 교육을 받았다. 그래서 우리는 초월적인 것으로 위협하지 않는 신들, 복잡한 세상에서 유익을 주는 신들, 개인적인 욕망을 채워주는 신들을 만들어 내려는 유혹을 받는다.

하지만 이런 우리의 바램보다 더 필요한 것은 무엇인가? 성경은 우리의 상황을 분명히 말해 주고 있다. 우리의 실제적인 문제는 죄다 - 죄들이 아니다. 이런 저런 불순종의 죄들이 아니라 우리 삶을 근본적으로 오도 하는 죄다. 성경에 의하면, 우리의 조상이 지은 첫 번째 죄는 뱀의 유혹으로 인해 하나님이 먹지 말라고 하신 과실을 먹음으로써 시작되었다. 유혹자는 이렇게 말했다. "걱정하지 마, 이것을 먹어도 죽지 않아. 하나님은 네가 이것을 먹으면 하나님처럼 눈이 밝아져 선과 악을 알게 될 것을 잘 알고 계셔. 너는 하나님같이 될 거야." 죄의 근본적 문제는 하나님같이 되려는 의도 즉, 중심에 있어야 할 하나님의 자리를 빼앗고 그 자리를 스스로가 장악하려는 의도 속에 있다. 그래서 생각과 말과 행위의 형태로 일어나는 죄들 속에는 본질적인 문제 즉, 자기중심성이 존재한다.

자기중심성은 불가피하게 우리를 생명의 하나님으로부터 분리시키고 죽음으로 향하게 한다. 이것은 모든 인간들과 창조물들을 파괴하기에 이른다. 그래서 우리에게는 단순한 욕망 그 이상의 것 즉, 구원이 필요하다. 구원은 우리 자신의 외부 즉, 우리를 초월하시는 하나님께로부터, 모든 인간의 말보다 더 권위 있게 말씀하시는 하나님께로부터, 우리를 죽음에 이르게 하는 개인주의로부터 구출해내시는 하나님께로부터 온다.

다음 장을 통해 우리는 예수 그리스도의 아버지이시며 성경의 주체가 되시는 하나님께서 우리의 필요를 충족시켜 주신다는 사실을 알게 될 것이다. 하나님은 거룩하시다. 그분께서는 우리와는 전적으로 다른 분이시다. 그래서 우리는 그분 앞에서 경외감을 갖게 된다. 아니 경외감을 가질 수밖에 없게 된다. 하나님께서는 예수 그리스도를 통해 우리가 듣고 복종해야 할 필요한 말씀을 하시는 분이시다. 하나님의 거룩하심은 예수 그리스도를 통해 강력한 사랑으로 표출되었다. 또한 하나님께서는 성령을 통해 우리를 홀로 외롭게 내버려두시지 않으시고 은혜가 넘치는 하나님과 인간의 공동체로 이끌어 주셨다.

이러한 하나님께서는 결코 만만하게 대우 받으실 수 없는 분이시다. 아니 우리에게 경외감을 불러일으키는 분이시다. 성경은 우리에게 "여호와를 경외하는 것이 지혜의 근본이다"(잠 9:10)라고 말한다. 이 경외감은 단순한 겁이 아니라 절대자를 대할 때 느끼는 충만한 두려움이다. 케네스 그레이엄 Kenneth Grahame은 그의 공상 문학작품 「버드나무에 부는 바람」 *The Wind in the Willows*에서 거룩한 존재 앞에서 느끼는 여러 종류의 경외감을 서술했다.

> 쥐가 황홀경에 빠져 속삭인다. "이곳은 내가 노래로 꿈꿔왔던 곳이고, 내게 음악이 연주되는 곳이다. … 이 거룩한 곳, 여기에서 우리는 그분을 만나게 될 것이다."
>
> 그때 두더지는 커다란 경외감이 엄습해 오는 것을 느꼈다.

그는 몸이 떨리고, 고개가 숙여지고 발이 땅에 붙어버리는 것 같은 경외감을 느꼈다. 이것은 두려운 공포감이 아니라 놀라운 평안과 행복감이었으며, 그를 떨리게 하면서 동시에 지탱하게 하는 경외감이었다. 그는 볼 수 없어도 신성한 존재가 아주 가까이 있다는 것을 알 수 있었다.

그는 감히 눈을 들 수 없었다. 그 부름에는 피할 수 없을 것만 같은 권위가 있었다. 죽음이 즉시 그를 엄습한다고 해도, 그는 결코 그 부름을 거부할 수 없을 것만 같았다. 그는 떨면서 겸손히 머리를 들었다. 그리고는 친구의 눈을 보았다. "쥐야!" 그는 떨면 속삭여 물었다. "무섭니?"

"무섭냐고?" 쥐는 말할 수 없는 사랑을 두 눈에 가득 담고는 이렇게 중얼거렸다.

"그분이 무섭냐고? 오 결코, 결코! 그런데, 그런데, 오, 두더지야, 왠지 두렵다."

그리고는 이 두 마리는, 땅속으로 기어 들어가 머리를 숙여 예배를 드렸다.[18]

하찮은 신들은 결코 우리의 몸을 떨리게 하고, 고개를 숙이게 하고, 발을 땅에 붙어버리게 하지 못한다. 이런 신들은 우리를 구원할 유일한 절대자이자 능력자가 느끼게 하는 경외감 같은 것을 우리에게 느끼게 하지 못한다.

다른 어떤 신으로부터 구원을 찾는 것은 슬픈 일이다.
왜냐하면 어떤 특별한 목적에 봉사하도록 강요받는 신은
아무런 도움도 줄 수 없는 하찮은 신이기 때문이다.

2. 잡동사니 신들 앞에서

남북 전쟁이 일어나고 있을 무렵, 아브라함 링컨은 하나님께서 북쪽 편이시라고 생각하느냐는 질문을 받고는 이렇게 대답했다. "중요한 것은 하나님께서 우리 편이신가 라는 것이 아니라 우리가 하나님의 편에 서 있는가 라는 것입니다." 몇 세기가 지난 지금까지도 이 말은 우리에게 여전히 무엇인가를 시사하고 있다.

이 장과 다음 장에서 우리는 하나님에 대한 경외심을 상실하고 참을성이 부족하고 개인주의가 만연한 이 시대가 만들어 놓은 몇몇 거짓된 신들을 무너뜨릴 것이다. 이 거짓된 신들이 모여 있는 신전에서 가장 대표적인 세 신神을 뽑으라고 한다면 그것은 바로 "나의 목적에서 비롯된 신", "나의 이해에서 비롯된 신" 그리고 "나의 체험에서 비롯된 신"일 것이다.

나의 목적에서 비롯된 신

21세기를 걸어가고 있는 우리 앞에는 우리의 걸음을 비틀거리게 하는 크고 많은 문제들이 있다. 그 중 몇 가지를 열거한다면 민족적 갈등, 종교적 갈등, 환경 파괴, 가공할만한 힘을 발휘하는 무기의 확산, 정치적 부패, 경제의 구조적 문제, 가족의 분열, 도시의 황폐화 등이다. 생각이 있는 사람이라면 이런 문제들을 놓고 밤잠을 이루기가 힘들 것이다.

사람이 거센 도전과 마주칠 때, 어떤 도움을 바라는 것은 당연한 일이다. 나는 이런 경향을 데이비드 신드롬 David Syndrome 이라는 용어로 설명하려 한다. 야구 시합과 타율이 나의 유일한 관심사였던 시절, 나는 친구들과 많은 시간을 아담스 운동장에서 보냈다. 선수들을 뽑을 때에는 으레 말다툼이 벌어지곤 했는데, 그것은 주로 데이비드 때문이었다. 그는 어떤 아이들보다도 공을 멀리 칠 수 있었고, 더 빨리 던질 수 있었고, 수비까지 완벽했다. 우리는 항상 그가 우리 편이 되기를 바랐다. 그와 같은 편이 되면 승리가 거의 확실했기 때문이다. 어른이 된 지금 내 앞에는 야구 시합보다 더 큰 도전들과 위협들이 존재하고 있다. 그리고 나는 여전히 데이비드가 내 편이기를 바라는 욕망을 버리지 못하고 있는 것 같다. 그러나 이러한 욕망을 가지고 살아가는 사람이 어디 나뿐이겠는가?

물론 문제가 클수록 더 큰 도움이 필요하다. 그리고 그럴 때

신은 가장 유용한 도움이 될 수 있다. 그래서 우리는 자연적으로 신이 우리의 다양한 문제를 해결해 주는 존재가 되기를 바란다. 성경은 하나님께서는 어떤 목적을 가지고 우리를 부르신다고 말한다. 하나님께서는 우리가 이 땅에 관심을 가지고, 부당하게 속박 받고 억압 받는 자들을 자유롭게 하고, 굶주린 자들에게 양식을 나누어 주고, 가난한 자들을 도와주기를 원하신다. 이런 일들을 위해 하나님의 도움을 구하는 것보다 더 적절한 것이 무엇이겠는가?[1] 일반적으로, 이런 일들은 하나님을 기쁘시게 할 것이다. 하지만 우리는 정당하다고 여기는 목적을 하나님보다 우위에 두면서 하나님을 그 목적을 위한 도구로 전락시키기도 한다. 이것은 하나님을 무시하는 행위이다. 이것은 하나님을 만홀히 여기는 행위이다. 이것은 절대적 목적이신 하나님을 유용한 수단으로 추락시키는 행위이다. 우리는 정욕의 상징인 금반지와 팔찌들을 불속에 던져 넣어 금송아지를 만들고 그것을 약속의 땅으로 인도하고 사회정의를 실현시켜 줄 대상이라고 말한다. 우리는 그것을 최고의 목적이신 하나님이라고 말하는 것이다.

해방신학 운동은 지난 20년간 풍자만화가 암시하는 것보다 더 미묘한 사상적 양태로 발전했다. 의심할 여지없이 그것은 성경의 중요한 흐름에 빛을 던져 주었다. 그러나 극단적인 경우, 해방신학은 자유케 하는 하나님을 이해하려고 노력하기 보다는 억압받는 자들을 자유케 하려는 목적에 더 관심을 기울이고 있는 것처럼 보인다. 해방신학은 성경 말씀 자체보다 정치/경제적 가설들에 사로잡혀온 경향이 있다.

매우 영향력 있는 해방신학자들 가운데 한 사람인 구스타보 구티에레즈Gustavo Gutierrez는 자신의 책 「해방신학」A Theology of Liberation에서 출애굽 이야기를 억압에 대항한 투쟁의 전형으로 해석한다. "이스라엘의 해방은 정치적 행동이다.… 여호와에 의해 보냄을 받은 모세는 그의 백성들의 해방을 위한 길고 힘겨운 투쟁을 시작한다.… 유대 민족이 억압의 근원을 인식하고 그것에 대항하여 투쟁하기 위해서는 성공과 실패를 거듭하는 점진적인 교육과정이 필요했다."[2] 해방이라는 동기에 호의적인 성경 해석학자라 할지라도 이것이 출애굽 이야기의 핵심인지 아닌지 질문하는 것은 당연한 일이다. 정말로 출애굽 이야기의 핵심은 억압하는 사람들을 향한 억압 받는 사람들의 투쟁에 관한 것인가? 아니면 이스라엘을 구원하기로 작정하신 자유의 하나님의 놀라운 섭리에 관한 것인가? 레슬리 뉴비긴Lesslie Newbigin은 해방신학적 관점을 이렇게 지적했다. "해방신학자들은 성경을 마르크스적 역사 해석의 틀 안에서 해석하고 억압받는 사람들을 성경의 핵심으로 이해했다.", "만약 그 호소가 성경의 계시를 향한 것이 아니라, 우리가 관찰하고 추론할 수 있는 인간사에 관한 것이라면, 단지 생존을 위한 투쟁에서 실패한 가난한 사람들은 꿋꿋이 생존해 나가는 자들에 의해 제거될 것이라는 주장을 지지하는 하나의 좋은 사례가 된다."[3]

여기에는 해석학보다 더 큰 위험성이 도사리고 있다. 만약 하나님을 편협한 자리에 놓는다면, 그 문제(억압)와 해답(정치적, 경제적 해방)이 분명해진 후에, 우리가 떠올리는 하나님의 이미지는 편협한 모습이 될 것이다. 예를 들면, 인간의 야망을 채워주는 하나의 단순한 조력자, 혹은 자기 개발과 인간 투쟁을 위해 꼭 필요한 도움을 주는 도구로 보게 될 것이다.

비슷한 방식으로, 여성신학은 가부장 제도로 인한 피해를 없애기 위한 목적에서 시작되었다. 여성신학자들은 전통신학이 단순히 신을 남성으로 암시하기 때문에 실패한 것이 아니라, 이 세계의 계급적 관점 즉 강하고 약한, 우월하고 열등한, 능동적이고 수동적인 남성과 여성 등으로 차등하는 관점을 정당화하고 있기 때문에 실패했다고 주장한다.[4] 따라서 그들은 하나님을 가부장 제도라는 사탄의 세력을 근절하는데 도움을 주는 신으로 생각한다. 전능자이신 하나님께서는 인간이 목적을 이루는데 도움을 주시는 신으로 대체된다. 여성신학의 선구자인 로즈메리 레드포드 류터Rosemarry Radford Ruther는 신/여신을 "자기 자신 안에서 신들과 사람들, 땅과 하늘 등 모든 것들을 생성시키는 위대한 모체"[5]라고 정의했다.

나는 해방신학과 여성신학이 제시하는 유익한 설명들을 반대하고 싶지는 않다. 나의 관심은 좀 더 근본적인 것에 있다. 이 두 신학은 어떤 동기(선하고 가치 있을 수 있는 동기)에 의해 시작되었다. 하지만 이것들은 그 동기를 기준으로 하나님을 재해석하는 오류를 범했다. 또한 하나님의 계시가 아닌 인간의 견해를 기준으로 신학적 흐름을 전개하였다. 해방신학과 여성신학은 하나님께로부터가 아니라, 매우 절실한 인간의 필요로부터 시작되었다. 샐리 멕페이그 Sallie McFague 는 1988년 미국 종교 아카데미에서 우수상을 획득한「하나님의 모델 - 생물학·핵 시대를 위한 신학」 Models of God - Theology for an Biological, Nuclear Age 이라는 책에서 "신학은 대부분 허구이다. 신학은 중요한 은유들과 모형들을 통해 특별한 문제들을 제기하는 학문이 되었다."라는 말로 자신의 생각을 솔직하게 표현했다. 그는 오늘날 우리가 필요로 하는 것은 "현실을 심신 상관학적으로 보는 견해"라고 말하면서, 새로운 신의 모형들 즉 어머니같은 신, 애인같은 신, 친구같은 신 등을 제시했다.[6] 그의 견해에 따르면, 오늘날 우리의 관심사는 진정한 신의 형상을 발견하는 것이 아니라 유용한 신의 이미지를 찾는 것이 되었다.

만일 인간의 상황에 대한 우리의 분석이 정확할 수만 있다면 이것은 훌륭한 접근이 될 수도 있다. 우리는 인간의 필요와 하나님의 도움 사이에서 어떤 조화를 발견할 수도 있고, 땅으로부터 하늘로 나아가는, '아래로부터'의 합리적인 견해를 피력할 수도 있다. 그러나 우리는 우리 시대의 진정한 필요를 제대로 알고 있는가? 역사는 인간의 무분별과 자기기만의 사례들로 점철되어 가고 있다. 라인홀드 니버 Reiinbold Niebubr 는 그것을 다음과 같이 말했다. "진실하거나, 아름답거나, 선한 것들이 현재의 역사적 상황에서는 충분히 이해되지 못한다. 그러므로 우리는 믿음으로 역사를 초월하는 신, 시작과 끝을 알고 모든 상황에서 진실을 평가할 수 있는 그런 신을 믿는 믿음으로 구원받아야 한다."⁷⁾

다른 어떤 신으로부터 구원을 찾는 것은 슬픈 일이다. 왜냐하면 어떤 특별한 목적에 봉사하도록 강요받는 신은 우리에게 아무런 도움도 줄 수 없는 하찮은 신이기 때문이다.

나의 이해에서 비롯된 신

해변 가에서 어린아이가 모래사장에 구멍을 하나 파고서는 바다를 그 속에 담으려고 작은 물통으로 바쁘게 바닷물을 나르고 있었다. 우리는 그 아이가 그러한 감상적인 행동을 그만두고 곧 성숙하게 될 것을 알고 있기 때문에 그 아이 만의 야망에 미소를 보낼 수 있다. 바다는 땅 위의 어떤 구멍에도 담길 수 없다.

하나님 역시 어떤 신학 체계 안에도 완전히 가둘 수 없다. 그러나 하나님에 대한 정확한 증거를 제시하려고 시도하는 선의의 기독교인들은 흔히 자기가 만든 공식에 너무 집착한 나머지 하나님과 하나님에 관한 이야기는 다르다는 사실과, 오직 예수 그리스도 안에서만 하나님과 인간 사이의 정확한 교통이 가능하다는 사실을 잊어버린다.

에드워드 존 카넬Edward John Carnell은 1955년 5월 17일 풀러 신

학대학 총장으로 취임하면서 "신학대학의 영광"이란 주제의 연설을 하였다. 조지 마스든_{George Marsden}에 따르면, 그는 신학교는 그리스도의 진리와 그리스도의 정신 위에 서 있어야 하며, 관용의 면류관을 쓸 수 있어야 한다고 강조하였다고 한다.

학생들은 "교리적 신념이 서로 다른 개개인들에게 관용하는 법을 배워야 합니다. … 누군가에 대해 참을 수 없다는 논리는 아주 단순합니다." 이것은 자신의 영적, 지적인 오만함에서 비롯된 것입니다. 그것은 진리가 하나님의 선물이라는 사실과 비록 우리가 가정, 교회 혹은 사회를 유지하기 위해 많은 잠정적인 판단을 내려야 하지만, 최종적인 양심의 판단은 하나님께서 하신다는 사실을 잊고 있는 것입니다.

결론적으로 "네 이웃을 네 몸과 같이 사랑하라"는 명령에 비추어 자신의 마음 상태를 살펴보아야 합니다. 예수님의 제자들조차도 자기 자신의 마음의 신비를 다 알 수 없다는 것을 인정하면서 "이것이 나인가?"라고 소리쳤습니다. 그런데 하물며 어떻게 우리가 다른 사람의 마음의 신비에 대해서 뭐라고 판단할 수가 있겠습니까? 근본주의자들은 흔히 "궁극적 진리"를 역설합니다. 그리고 우리 또한 그들이 말하는 것들을 인정합니다. 하지만 확실한 진리는 "네 이웃을 네 몸과 같이 사랑하라"는 것입니다. 하나님의 이 명령은 "궁극적 진리이면서 동시에 우리가 다른 사람들에게 관용해야 하는 궁극적인 이유이기도 합니다."[8]

그 젊은 총장은 교수단 중에 화가 잔뜩 난 몇몇 사람들이 말을 걸어오기 전에 그의 대학기장을 치워버려야 했다. 그들은 그가 이단적인 발언을 하거나 글을 쓰리라고는 전혀 생각하지 못했다. 그러나 사랑과 지식의 한계에 대한 이야기는 이단이 멀리 있지 않다는 위험 신호가 되었다. 마스든의 기록에 의하면 그의 연설은 발표되지 못했을 뿐 아니라 카넬은 그 타격으로 총장직을 그만두어야 했다.[9]

다행히 그 뒤로, 풀러 신학대학은 그런 편협함을 탈피해 나아갔지만, 이 역사의 한 토막은 이웃에 대한 사랑 같은 복음의 기본적인 진리도 신학적 오류에 의해서 짓밟힐 수 있다는 것을 예증해 주었다. 하나님에 관하여 정확하게 생각하고 말하려는 욕망은 우리의 주장이 하나님에 관한 모든 진리를 담고 있다는 주제넘은 신념을 갖게 하고, 하나님을 우리가 만든 진술 속에 가두게 한다. 물론 아무도 자신의 고백적인 진술들이 하나님을 제한한다고 말하지는 않을 것이다. 대부분의 신학은 하나님의 초월성을 공식적으로 인정하는 것으로 시작한다. 그러나 의도적인 것은 아닐지라도 실제적으로 우리는 우리가 만든 틀 안에 하나님을 감금한다. 그리고 그 틀의 구조적 타당성에 대한 우리의 신념은 결국 하나님께서 그 틀 안에서 매우 편안해 하시리라는 가정을 이끌어내고, 급기야 하나님께서 다른 곳에서는 편안하지 못할 것이라는 가정假定까지 양산한다.

그래서 우리는 의견이 다른 사람들을 적대시한다. 올바른 신학의 틀 밖에 서 있는 사람 즉, 하나님 밖에 있는 사람과 어떻게 동료애를 나눌 수 있겠는가? 하나님에 관한 용어, 성경무오설, 낙태, 창조와 진화, 교회의 여성 지도자, 동성연애자의 안수 같은 논쟁의 여지가 있는 문제들은 흔히 격렬한 다툼과 오만한 확신을 야기한다. 이러한 현상은 우리로 하여금 더욱 분명히 분별하게 하는 것이 아니라, 시끄러운 목소리만 높였지 서로 간에 대화를 그치게 하고 기독교 공동체를 붕괴시킨다. 우리는 이런 모든 것 속에서 누가 섬김을 받고 있는가, 하나님인가 아니면 나의 이해가 만들어낸 하나님인가를 물어야 한다.

신학적 고백과 논쟁은 교회 생활에서 분명히 중요한 위치를 차지한다. 그러나 하나님에 관한 모든 가정假定들은 겸손과 온유함 속에 간직해 두어야 한다. 디오게네스 알렌Diogenes Allen은 "신비는 바로 힘이 닿는 순간 사라진다"는 사실을 상기시켜 주었다.

> 이것은 이제까지 우리가 접해온 여타의 다른 법칙들처럼, 물체와 에너지 교환이 일어나는 모든 곳에 존재하는 원리들처럼, 강하게 우리를 지배하는 하나님의 진리이며 법이다. 우리가 다른 사람들을 자신의 목적을 위한 수단으로 취급하게 되면 그들의 신비는 우리에게 아무런 영향을 주지 못하며, 진실한 인격적 만남이 가져다주는 더 큰 신비를 체험하지 못하게 된다.[10]

그리고 인간관계에서 진리인 것은 신-인 관계에서도 역시 진리이다. 하나님의 신비 그 자체는 우리가 하는 어떤 일을 통해서 희미해지는 것이 아니라, 오히려 하나님에 대한 우리의 강압적이고 확신에 찬 선언을 통해서 희미해질 수 있다. 언젠가 신학교를 짓는 마지막 널빤지에 못을 박으면서, 우리는 우리가 모셔놓은 유일하신 신이 너무 하찮아서 이런 노력을 들일 필요가 없다고 생각할지도 모른다. 하나님께서는 "사람의 손으로 지은 집에 계시지 아니하시나니 선지자의 말한바 '주께서 가라사대 하늘은 나의 보좌요 땅은 나의 발등상이니 너희가 나를 위하여 무슨 집을 짓겠으며 나의 처소가 어디뇨?'"(행 7:48-49)라고 말씀하셨다.

신학적 기획은 비판적인 사고만큼이나 겸손을 요구한다.

위대한 신학자들은 이 점을 인지하고 있었다. 토마스 아퀴나스Thomas Aquinas는 학술 논문 38편, 일반 논문 3천여 편 그리고 서구 문명이 낳은 최고의 걸작 중 하나인「신학대전」Summa Theologia에 관한 만여 개의 소론들을 마치고 나서 1273년 12월 6일 갑작스럽게 글 쓰는 일을 멈추었다. 그는 성 니콜라스 성당에서 미사를 집례 하는 도중 심오한 경험을 하고서는 자신의 비서에게 더 이상 글을 쓰지 않겠다고 말했다. 그는 "내가 쓴 모든 것들이 지푸라기에 불과하다는 것을 알게 되었기에 더 이상 글을 쓸 수 없다."고 설명했다.[11]

칼 바르트Karl Barth는 토마스보다 거의 두 배나 많은 책과 논문을 썼다. 그럼에도 불구하고 그는 자신의 책들을 손수레에 가 득 싣고 천국에 들어가서 천사들의 조롱을 받는 상상을 했다. 그는 이렇게 말했다. "천국에서 우리는 필요한 모든 것을 알게 될 것이기 때문에 더 많이 쓸 필요도, 읽을 필요도 없다. …「교회 교의학」Church Dogmatics 조차도 쓸모없는 종이더미가 되어 천국의 한쪽 구석에 버려지게 될지도 모른다."[12]

우리의 신학 체계들은 내가 이해한 신을 담을 수 있을지는 몰라도 거룩하신 하나님은 결코 담지 못할 것이다.

나의 체험에서 비롯된 신

무시무시한 위력으로 우리를 하나님으로부터 멀어지게 하는 또 하나의 신은 내가 체험한 신이다. 우리는 당연히 우리가 체험한 것들에 정당성을 제공한다. 우리의 예배 패턴, 기도 스타일, 은혜의 경험 등을 쉽게 양식화하고 그것들을 정당한 것으로 여긴다. 그럴 때, 주관적인 것은 객관적인 것을 위압하고 대체한다.

어린 시절 나는 오순절 교회에서 실시한 성경 캠프에 참석했다. 수영도 하고 신이 나서 밤늦게까지 놀기도 하고, 때로는 집을 그리워하기도 했다. 물론 아침과 저녁에는 반드시 예배에 참석해야 했다. 그때 들은 설교들은 재미있는 이야기들로 가득 차 있었는데 주로 인간의 회심과 성령세례에 관한 것이었다.

우리가 이 두 가지를 얼마나 갈망하고 있는지를 보여 주기 위해 성찬식을 하는 동안 '앞으로' 나가야만 했다. 우리 대부분은 그런 행위를 반복적으로 보여주었다. 나는 이미 내가 기독교인이라고 생각하고 있었는데, 아직까지 방언도 하지 못하고 따라서 성령세례를 받지 못했기 때문에 왠지 절반만 기독교인인 것처럼 느껴졌다.

어느 날 밤 나는 오랜 시간 동안 무릎을 꿇고 기도했다. 그렇게 해야 하나님께서 나로 하여금 방언을 하게 하시고 완전한 기독교인이 되게 하실 것 같았기 때문이다. 지도교사는 나를 돕기 위해 최선을 다하고 있었다. 그는 내 몸에 손을 얹어 기도했고, 몇 음절의 말을 하고는 그것을 따라하게 하였고, 내가 힘겨움을 느낄 때까지 내 팔을 들어 올렸다. 내가 생각하기에 그 사람 자신이 이미 지쳐버린 것 같았다. 그런데 그 순간, 그 지도교사는 옆으로 지나가는 누구에겐가 이렇게 속삭였다. "저 아이는 진정으로 그것을 원하지 않아요." 상상해보라. 그 말이 하나님을 기쁘시게 하려고 최선을 다하고 있는 한 소년에게 어떻게 들렸을까? 어떻게 내가 그것을 원하지 않을 수 있었겠는가? 어떻게 내가 성령을 원하지 않을 수 있었겠는가?

물론, 나는 그때 받은 영혼의 상처를 극복할 수 있을 만큼 성장했고 그것이 오늘까지 내게 쓰라린 상처로 남아 있다고 말해 줄 심리학자도 필요 없다.

그런데 최근 한 여인이 내 사무실로 와서 "목사님, 교인들

중 몇몇 사람들은 이 교회에서 드려지는 예배가 하나님을 향한 진정한 예배인지 의심하고 있습니다."라고 말하자 나는 갑자기 그때의 상처가 되살아나는 듯한 감정을 느꼈다. 나는 그녀가 무엇을 원하고 있는지 짐작할 수 있었다. 그럼에도 불구하고 나는 그녀 스스로가 자신의 원하는 바를 이야기할 수 있도록 유도했다. 그녀는 특별한 형태의 예배 즉, 방언과 찬양을 통해 감정이 고조될 수 있는 예배의 형태를 원했던 것이다. 그녀는 이런 예배만이 진정한 예배라고 생각했던 것이다. 오순절 교단(은사 운동과 "제3의 물결" 운동과 같은 현대적 형태들을 포함해서)은 성령의 임재와 능력을 경험하는 예배, 체험적인 믿음을 통해 감정을 비롯한 전인격이 변화를 받는 예배를 행해왔다. 반면, 오순절 교단은 기독교의 한 측면만을 강조하여 어떤 체험들만을 진실한 영성의 표준으로 만들어버린 경향이 있다. 예를 들어 그들은 성령의 많은 은사들 중 하나인 방언을 성령세례의 결정적인 증거로 승격시켰다. 은사 운동의 초창기 지도자 데니스 베네트Dennis Bennett와 리타 베네트Rita Bennett는 "방언을 하지 못해도 성령을 받을 수 있습니까?"라는 질문을 받고 이렇게 대답했다. "그것은 한 묶음입니다. 물론 방언 자체가 성령세례는 아닙니다. 그러나 방언은 성령세례를 받았기 때문에 일어나는 것입니다.… 만약 당신이 성령세례를 자연스럽고 충만하게 받기를 원한다면 당신은 방언 받기를 기대해야 합니다."13)

나는 어떤 사람에게는 분명히 성령 임재의 증거로서 황홀경의 언어로 기도할 수 있는 능력이 주어졌다고 생각한다. 성경 역시 이런 영적 은사를 증거하고 있다(고전1:14). 그 뿐 아니라 나 역시 영적 은사가 신앙의 중요한 요소임을 증거하는 많은 친구들이 있다. 그러나 성경은 방언이 성령 충만한 삶의 필수적인 증거라고 단도직입적으로 말하지는 않는다. 사실 그동안 대부분의 교회는 방언과 같은 가시적인 성령의 은사를 그다지 중요한 것으로 여기지 못해왔다.[14] 그런데 이런 은사를 통해 큰 감동과 도움을 받은 사람들은 다른 사람들도 그런 경험을 하기 원할 뿐 아니라 자신의 체험을 규범화시켜 다른 사람들에게 적용하려 한다. 따라서 그들은 이런 체험이 없는 사람들은 성령 충만하지 못한 사람이라고 생각하고 심지어 하나님의 임재가 없는 사람이라고까지 생각한다.

내 어린 시절의 지도교사는 하나님의 임재는 어떤 경험 속에 나타나기 때문에, 이러한 경험이 없이는 하나님의 임재를 맛볼 수 없다고 생각했다. 적어도 충만한 임재는 경험할 수 없다고 생각했다. 이런 생각은 성경에 계시된 하나님 즉, 약 천여 개의 곤충으로 끝내지 않으시고, 풍뎅이와 바구미들만 해도 수만 종류를 창조하셨고, "선지자들을 통해 여러 부분과 여러 모양으로"(히 1:1) 말씀하셨고, 갈릴리 사람들을 매우 다른 방식으로 부르셨던 하나님이 다양성을 사랑하시는 하나님이라는 사실을 부인하고 있는 것이다. 뿐만 아니라 하나님께서 이 세상에서 일하시는 방식에 한계를 정함으로써 하나님을 제한하는 결과를 가져오고 있는 것이다. 존 킬링거는 나일스가 프린스턴 대학 설립 150주년 기념식에서 했던 이야기를 다음과 같이 서술한다.

나일스의 말에 의하면, 제2차 세계대전이 끝나고 유럽 재건이 한창일 때 세계 교회협의회는 발칸 반도의 외딴 곳에서 이 단체의 돈이 어떻게 쓰이고 있는지 알아보고 싶었다. 그래서 협의회는 당시 스코틀랜드 교회의 총재였던 존 맥키와 더 엄격하고 경건한 다른 교단의 성직자 두 명을 이곳으로 파견하였다. 그들은 지프차를 타고 후원금이 보내지는 마을을 향했다.

어느 날 오후 그들은 동방 정교회의 사제를 방문하기 위해 그리스의 작은 마을로 들어갔다. 사제는 그들을 보고 너무 기뻐서 경의를 표하려고 했다. 그는 당시에 귀한 보물과 같았던 하바나 담배 상자를 꺼내어 그것을 손님들에게 권했다. 맥키 박사는 하나를 집어서 끝을 자른 뒤 불을 붙여 몇 모금 빨고서는 담배 맛이 아주 좋다고 말했다. 하지만 다른 두 사람은 겁에 질려 "아니오, 감사합니다만 우리는 담배를 피우지 않습니다."라고 말했다. 그러자 사제는 거절한 두 사람을 화나게 했다는 것을 깨닫고 무엇인가로 그들에게 사과를 하려 했다. 밖으로 나간 그는 잠시 후, 최상급 포도주 한 병을 가지고 다시 나타났다. 맥키 박사는 술감정사라도 된 듯, 그 포도주를 한 잔 가득 따르더니 향을 맡고 들이킨 후 품질이 아주 좋다고 칭찬했다. 그는 곧 한 잔을 더 요구했다. 하지만 그의 동료들은 아까보다 더 눈에 띄게 뒤로 물러

서더니 "아니오, 감사합니다만 우리는 술을 마시지 않습니다."고 말했다. 잠시 후, 세 사람은 지프차를 타고 울퉁불퉁한 길을 따라 마을을 빠져나왔다. 바로 그때, 경건한 두 성직자는 맥키 박사에게 이렇게 말하면서 실망감을 표출했다. "맥키 박사님, 당신은 담배를 피우고 술을 마시면서 스코틀랜드 교회 총재이자 세계교회협의회 임원이라고 말할 수 있습니까?"

맥키 박사는 흥분하지 않으려고 노력했지만 결국 스코틀랜드 기질을 드러내고 말았다. "아닙니다. 젠장, 그런게 아니라니까요. 우리 중 누군가는 기독교인이 되어야할 것 아닙니까?"[16]

나의 특별한 사고와 체험이 진정한 영성을 제한해 버리는 경우가 얼마나 많은가? 우리는 그리스도 안에 나타나신 하나님과는 전혀 다른 신을 만들어 내기도 한다. 그 신은 나의 주관에 의해 다듬어진 신이다. 그런 신은 너무나 하찮아져서 자아와 왜곡된 체험으로부터 나를 건져내지 못한다.

나의 신관을 넘어선 하나님

비록 내가 자유주의자들은 올바른 정치를 위한 하나님에 더 약하고, 복음주의자들은 올바른 신학을 위한 하나님에 더 약하며, 은사주의자들은 체험을 위한 하나님에 더 약하다고 생각하기는 하지만, 내가 제시한 예들, 즉 나의 목적에서 비롯된 하나님, 나의 이해에서 비롯된 하나님, 나의 체험에서 비롯된 하나님 등이 하나는 자유주의자들의 문제이고, 하나는 복음주의자들의 문제이며 다른 하나는 은사주의자들의 문제라고 말하려는 것은 아니다. 사실 우리는 모두 이 세 신들에 의해 유혹당하기 쉽다.

정열적인 신념과 유용한 지식을 제공하는 신학들 그리고 어떤 영적 체험들에 대한 관심이 나쁜 것은 아니다. 건전한 기독교인의 신앙은 이 모든 것들을 다 포함해야 한다. 이것은 우리로 하여금 중요한 하나님의 존재 양상을 볼 수 있게 해 주는 렌즈가 될 수 있다. 그러나 우리는 우리의 관점으로 본 신과 실제의 하나님 사이에는 많은 차이점이 존재한다는 사실을 잊어서는 안 된다. 렌즈를 통해 본 대상과 실제 대상 즉, 하나님에 관한 모든 진리가 동일하다고 생각하는 것은 문제이다.

나의 목적을 위하여 내가 이용하는 신이나, 나의 체험 혹은 나의 이해의 범주 안에 놓인 신은 나보다 더 크지 않을 뿐 아니라, 나를 죄로부터 구원하거나 나를 영감어린 예배로 인도하거나 나를 능력 있는 봉사자로 만들지 못한다. 나의 선호에 맞추어진 신은 그 어떤 신이라 할지라도 결코 나를 초월하지도 못하고 진정한 하나님이 되지도 못한다. 나의 인식이라는 감옥의 창살을 뜯어내고 나가지 못한 신은 하찮은 신에 불과하다.

3. 우상의 신전에서

20세기에 깜짝 놀랄 만한 두 가지 큰 혁명적 변화가 있었는데 그 중에 하나는 칼 마르크스Karl Marx에 의해 시작되었고 또 하나는 지그문트 프로이트sigmund Freud에 의해 시작되었다. 공산주의가 무너짐으로써 첫 번째 변혁은 약화되었다. 하지만 현대 생활을 심리학적으로 분석하는 경향이 커지면서 두 번째 변혁은 점점 더 강화되고 있다. 오스 기니스Os Guinness는 "5백여 가지 이상의 유명한 치료 상품들을 포진시키고 있는 맥 프로이드 특히 시장과 연간 40억 달러 이상을 끌어 모으고 있는 독립 소매점들은 수백만 고객들을 차지하려고 경쟁하고 있다"고 지적한다. 오늘날 현대 사회에서는 당신이 아프다는 사실을 인식하는 것보다 아프지 않다는 사실을 믿는 것이 더 어렵게 되었다. 병원 침대가 야구장과 고층빌딩만큼이나 현대적인 것이 되었다.[1]

이제 심리학은 더 이상 지성인들만이 지배하는 영역도 아니고 고통스러운 자아로부터 벗어나기 위해 전문적인 치료를 받는 사람들만의 사치도 아니다. 이제 우리는 회복되고 있는 환자이거나 불치의 병으로 고생하고 있는 환자가 되었다. 우리는 우리 조상들이 지옥을 두려워했던 것만큼이나 정신적인 고통을 두려워하고 있다. 우리는 마지막 한 바퀴를 남겨 놓고 달리고 있는 마라톤 주자의 심정으로 영혼의 회복을 위해 분투하고 있다. 우리는 정신적 학대를 받아 우울증과 불안, 그리고 신경과민, 강박충동에 시달리는 어린 아이들을 쉽게 접할 수 있게 되었다. 우리는 인간의 잠재력을 극대화하기 위한 열 두 단계의 성경공부와 역할극 그리고 긍정적인 자존감을 갖게 하는 프로그램들을 실시하는 훈련에 참여하고 있다.

물론 이러한 일들은 많은 유익을 줄 수 있다. 정신 치료사, 봉사단체 및 많은 개인들은 심리학적 연구를 통해 많은 사람들의 자아 이해와 정서 치유에 도움을 주고 있다. 심리학은 이와 같은 순기능을 가지고 있다. 우리는 그것을 인정해야 한다. 하지만 우리는 거기에서 그쳐서는 안 된다. 우리는 심리학이 우리 문화에 끼치는 그 밖에 영향들도 면밀히 관찰할 필요성이 있다. 8천여 만 명의 미국인들이 정신 치료사들의 도움을 받은 일이 있으며, 약 천여 만 명이 매년 치료를 받고 있다. 1968년 미국의 임상 심리학자들은 12,000명이었고, 오늘날에는 적어도 40,000명이 넘는다.[2)] 피터 데브리스Peter DeVries의 한 단편 작품에 등장하는 인물은 "한때 우리는 목사님 앞에 섰을 때, 내가 저지른 죄악을 두려워한 적이 있었다. 이제 우리는 심리 치료사들 앞에서 우리의 미성숙함을 두려워하고 있다"고 말했다.[3]

때로 교회는 신학보다 문화적 동향에 더 민감한 영향을 받고 있다. 때로, 교회는 심리 치료요법에 지나치게 의존하고 있는 것처럼 보인다. 목회상담 운동을 최초로 전개한 사람들은 자유주의 진영의 목회자들이었다. 이로 인해 칼 로저스Carl Rogers는 칼 바르트보다 훨씬 더 유명하게 되었다. 그러나 최근에는 복음주의자들이 자유주의자들보다 앞서서 성경의 언어를 현대 심리학 언어로 바꾸고 있다. 이제 죄는 자존감의 부족 상태이며, 칭의는 하나님의 확언을 경험하는 것이며, 성화는 자기 가치를 인정하는 것을 의미하게 되었다. 한때 교회에서 가장 존경받는 영적 권위자들은 목회자나 신학자들이었지만, 지금은 기독교 심리학자들이 그 자리를 차지하고 있다. 기독교 출판사의 안내 책자를 보거나 서점에 가보면, 어떤 책이 잘 팔리는지 금방 알 수 있다. 잘 팔리는 책은 불안과 중독, 신경과민, 의존, 자존감, 성, 양육, 성격불화 등에 관한 상담 책이고, 잘 안 팔리는 책은 자기를 부인하고, 자기 십자가를 지고 종의 삶을 살라는 예수의 부르심에 관한 책들이다.

1966년 필립 리프Philip Rieff는「치료의 승리: 프로이트 이후와 신념의 효용」*The Triumph of the Therapeutic*[4]이라는 책에서 중요한 문화 비평을 했다. 이 책은 현대 서구 문화뿐 아니라 교회에서 발생하고 있는 문제들을 적절히 설명하고 있다. 자아에 대한 강박

관념은 우리를 혼란에 빠뜨리고, 나의 안락을 위한 신, 나의 성공을 위한 신, 나의 조국을 위한 신 등이 있는 우상의 신전으로 이끈다.

나의 안락을 위한 신

삶을 심리학적으로 분석하려는 경향은 우리의 목회관을 바꾸어 놓았다. 복음은 참된 신앙인의 삶 즉, 자기를 포기하고 십자가로 나아가는 순종의 삶을 요구한다. 하지만 우리는 사람들에게 그런 원리를 가르치기 보다 사람들의 필요를 채워주기에 급급하다. 프린스턴의 사회학자 로버트 우드나우 Robert Wuthnow 는 교회내의 소그룹 운동의 효과를 이렇게 논평한다.

한때 신학자들은 인간의 최대 목표는 하나님을 영화롭게 하는 것이라고 주장했다. 하지만 이제 그 논리는 뒤바뀐 것처럼 보인다. 하나님의 최대 목표가 인간을 영화롭게 하는 것이 되었다. 영성은 더 이상 진리와 선의 표준에 맞기 때문에 진실하고 선한 것이 아니라, 내 마음에 맞기 때문에 진실하고 선한 것이 되었다. 영성의 가치를 판단하는 기준은 바로 나 자신이 되었다. 만약 영성이 나로 하여금 빈 주차 공간을 발견하도록 도와준다면 나는 내 영성이 옳은 방향으로 가고 있다고 생각한다. 하지만 만약 영성이 나로 하여금 광야로 나가 원치 않는 위험에 부

덮히게 한다면 나는 내 영성이 뭔가 잘못된 방향으로 가고 있다고 생각한다.[5]

내가 목회해온 교회에는 병자들, 이혼한 자들, 그 밖에 슬픔을 당한 자들을 위로하는 프로그램, 실직자들, 일터에서 혹사당하는 자들을 도와주는 프로그램, 독신자들을 후원하고 그 가족들에게 용기를 주는 프로그램, 배고픈 자들을 먹여주고 헐벗은 자들을 입혀 주는 프로그램, 집 없는 자들에게 거처를 마련해 주는 프로그램이 있었다. 이 모든 프로그램들은 분명 좋은 것들이었다. 하지만 나는 때때로 이런 생각을 하곤했다. 우리가 목회를 너무 불안정한 기초 위에, 즉, 자신 위에 덮인 먼지를 떨고 그곳을 아름답게 꾸미기만 하면, 그것이 자신을 부인하는 것이 되고 그리스도를 따르는 것이 된다는 가정을 하는 것은 아닌가? 만약 약간만 정리하는 것으로 가능하다면 사람들이 왜 그토록 구원을 바라겠는가? 오늘날 우리는 교회에서 회심이라는 용어(예를 들어 '거듭남', '그리스도 안에서의 새 생활')는 잘 들을 수 없고, 대신 부흥(예를 들어 '새로워진', '삶의 의미 발견')이라는 말은 자주 듣는다. 오늘날 기독교 목회는 사람들로 하여금 그들의 문제를 해결하고 다소간의 행복을 찾도록 도와주는 일이 되어가고 있다.

물론 이런 일 속에서 하나님이 완전히 무시되는 것은 아니지만, 이것은 분명한 문제점을 내포하고 있다. 즉 우리는 그러한 경향을 선호함으로써, 하나님을 인생의 어려움들을 해결해 주시는 위대한 치료자 정도로만 생각하는 우를 범하고 있다. 우리 문화에서 심리학적 치료방법이 승리를 거두고 있듯이, 교회에서도 치료하시는 신만이 승리를 얻는다는 논리가 성립되고 있는 것이다. 하나님께서는 내가 원하는 것을 가질 수 있도록 도와주는, 내 성취를 위한 신이 되어 버리신 것이다. 심리학자 킴 홀 Kim Hall 은 "내 사무실에 찾아온 사람들 중 상당수는 자신들이 기독교인이라고 말합니다. 하지만 그들이 행복해지기를 원하고 그 바램이 성취되기를 신에게 기대하고 있다는 것을 제외하고는 비 기독교인들과 아무런 차이도 발견할 수 없습니다."[6]라고 말했다.

이런 유형의 신은 일시적인 유익을 끼칠 수 있다. 왜냐하면 이러한 신은 소망적인 생각으로 어려운 시기를 극복할 힘을 주기도 하기 때문이다. 이것은 중요한 사실이다. 그러나 이러한 신은 내 욕망에서 나온 나의 기획물이기 때문에 조만간 그 한계를 드러내고 말 것이다.

이러한 신을 만들어내는 원인은 바로 우리의 욕망이다. 야심, 탐욕, 육욕, 선에 대한 불완전한 지식은 우리로 하여금 파괴적인 목표로 향하게 한다. 인간의 모습을 대충만 살펴보아도, 숨쉬는 것처럼 습관적으로 선을 행하는 모습은 거의 찾아볼 수가 없다. 그 이유는 죄 다시 말해, 존재의 중심에 놓인 극단적인 자기중심성 때문이다. 우리가 진정한 신자가 되기 위해서는 이러한 자아의 경향을 무너뜨려야 한다. 우리의 모든 욕망을 충족하기 위해 만들어진 신은 사실은 하나님을 가장하고 다가온 악마이다.

거룩하신 하나님을 내 평안을 위한 신으로 하찮게 여기는 일이 종종 발생하고 있는 또 다른 이유는 우리가 성경을 잘못 적용하기 때문이다. 성경이 "하나님은 사랑이시다"고 말하고 있기 때문에, 우리는 사랑의 하나님께서 우리를 모든 고통으로부터 구해내실 것이라고 생각할지도 모른다. 그러나 진정한 사랑은 그것에서 끝나지 않는다. 때때로 진정한 사랑은 사랑하는 사람에게 고난이 필요하다면 고난을 주기도 하는 것이다.[7] 하나님의 사랑은 우리 삶에 기쁨을 주기도 하지만, 때로는 고통을 가져다주기도 한다. 성경은 이점을 분명히 명시하고 있다. 히브리서 기자는 다음과 같이 말한다.

> 내 아들아 주의 징계하심을 경히 여기지 말며 그에게 꾸지람을 받을 때에 낙심하지 말라. 주께서 그 사랑하시는 자를 징계하시고 그의 받으시는 아들마다 채찍질하심이니라.… 하나님은 우리의 유익을 위하여 그의 거룩하심에 참예케 하시느니라. 무릇 징계가 당시에는 즐거워 보이지 않고 슬퍼 보이나 후에 그로 말미암아 연단한 자에게는 의의 평강한 열매를 맺느니라(히 12:5-6, 10-11).

내 안락을 위한 신은 사랑의 신처럼 보이나, 실상은 거짓 사랑을 드러내는 신이다. 모든 고통으로부터 구원해 줄 것과 모든 욕망을 충족시켜 줄 것을 약속하는 신은 오히려 병을 더 악화시키는 돌팔이 의사와 같다. 우리는 선에 대한 완벽한 지식과 치료해 주려는 열정적인 사랑과 완치시킬 수 있는 능력을 가진 위대한 의사가 필요하다.

나의 성공을 위한 신

하찮은 신들 가운데 나의 평안만을 위한 신은 내 성공을 위한 신과 매우 비슷하다. 이 거짓 신은 서구 문화에서 큰 인기를 누리고 있다. 그래서 윌리엄 제임스William James는 그의 글에 "세속적 성공을 숭배하는 것이 우리의 고질병이다"라고 쓰고 있다. 한편 러셀 베이커Russell Baker는 그의 회고록에서 런던 특파원 시절을 다음과 같이 회고하고 있다.

런던에서 나는 정상에 서서 볼티모어로부터 오는 넘치는 찬사를 즐겼다. 모든 욕망이 채워지고 있는 것만 같았다.

어머니는 나에게 열심히 일하면 무엇인가를 이룰 수 있고, 상당한 인물이 될 수 있다고 가르치셨다. 그녀의 말은 옳은 것으로 증명되었다. 그렇지만 어쩐지 나는 충족되지 못한 듯한 감정을 느꼈다.

말로 잘 표현하기는 어렵지만, 내가 생각하는 성공은 만족스러운 삶을 살아가고, 평안한 마음을 유지하고, 성숙한 모습을 드러내는 것인데, 내게는 그런 모습이 없었다.

생각해 보건데, 나는 당시의 사조에 깊이 함몰되어 있었던 것 같다. 대공황을 겪은 당시의 젊은이들은 성공에 대한 갈망에 너무 집착한 나머지 어느 정도의 성공을 거두어도 그것에 만족하지 않고 더 많은 성공을 갈망했던 것이다.[8]

자신의 세대에 관한 베이커씨의 이야기는 다음 세대에도 똑같이 적용될 수 있다. "베이비 붐 세대"는 BMW 자동차, 가족계획, 완벽한 몸매를 추구하며 성공에 대한 끊임없는 욕망을 나타낸다. 여론 조사가 루 헤리스Lou Harris의 발표에 따르면, 86%의 성인 미국인들이 만성적 스트레스를 겪고 있다[9]고 한다. 이것은 의약품 시장에서 성공을 노리고 있는 사람들에게 있어 희소식이 아닐 수 없다. 지금도 미국인들은 스트레스를 치료하기 위해 매일 약 30톤의 아스피린, 진정제, 수면제 등을 소비하고 있다.[10] 제임스 터버James Thurber가 헤롤드 로스Harold Ross에 관해 논평한 내용은 우리 중 많은 사람들에게도 해당되는 내용일 것이다. "그는 일과 근심 속에서 살았다."[11]

우리는 성공을 향한 질주는 쉴 새 없이 계속하고 있다. 그리고 우리 중 다수는 자기 파괴의 길을 쉬지 않고 가고 있다. 빨리 달리면 달릴수록 우리 내면은 어느 곳에도 도착하지 못할 것이라는 속삼임을 더 강하게 듣는다. 하지만 우리는 그 소리를 듣고도 오히려 더 빨리 달려야겠다는 마음을 먹는다. 물론 아메리칸 드림을 이루는 것은 쉬운 일이 아니다. 누군가가 말한 것처럼, 성공의 사다리를 오르는 것은 쉬운 일이 아니다. 하지만 심각한 스트레스를 받으면서 무작정 앞만 보고 달린다고 해서 진정한 성공을 얻는 것은 아니다.

우리는 도움을 청할 수 있다. 즉 스트레스를 누그러뜨리고 성공을 보장받기 위해 하나님을 찾을 수 있다. 우리는 예수님께서 하신 말씀을 상기시키면서 우리의 욕망을 위해 기도의 숄을 드리울 수 있다. "구하라 그러면 너희에게 주실 것이요… 너희가 악한 자라도 좋은 것으로 자식에게 줄줄 알거든 하물며 하늘에 계신 너희 아버지께서 구하는 자에게 좋은 것으로 주시지 않겠느냐!"(마 7:7, 11) 우리는 하나님께 이 약속을 지킬 것을 요구한다. 우리는 스스로를 꽤나 영적인 사람으로 생각하면서 구하고 또 구한다.

물론 이러한 간구가 잘못된 것은 아니다. 주님께서도 분명 우리에게 구하라고 말씀하셨다. 그러나 어린아이와 같이 하나님을 의지하는 것과 유치하게 하나님을 괴롭히는 것과는 차이가 있다. 만약 우리가 눈에 보이는 성공만을 갈망하거나, 간구의 대상이 주시는 선물에만 관심을 갖는다면, 결코 하나님에 대한 미성숙한 관점을 넘어서지 못할 것이다. 네 살짜리 어린아이는 아빠를 늘 사탕을 주는 사람으로 볼 수도 있지만, 마흔이 된 사람은 아버지를 좀 더 바르게 이해할 수 있어야 한다.

그 기도 숄은 제자리에 있지만, 경영고문, 재정고문, 지도자 등이 되고 싶은 비밀스런 욕망을 덮고 있을 수도 있다. 아니, 그런 욕망이 꼭 비밀스럽게 감추어져 있는 것만은 아니다. 다음에 열거한 책들은 복음과 개인적 부를 연결시키는 최근의 동향을 잘 반영하고 있다.

케니스와 글로리아 코플랜드의 *The Law of Prosperity*(1974), 케니스 하긴의 *How to Write Your Own Ticket with God*(1979)과 *You Can Have What You Say*(1979), 죠 매글리아토의 *The Wall Street Gospel*(1979), 케니스 하긴 2세의 *How God Taught Me About Prosperity*(1980), 앨버트 윌리스의 *God's Plan for Financial Prosperity*(1982), 그리고 제리 사벨리의 *Living in Diving Prosperity*(1987).[12]

글로리아 코플랜드Gloria Copeland는 자신 있게 "하나님의 말씀은 가난과 결핍은 순종하는 자들을 향한 하나님의 뜻이 아니라고 말하고 있다.… 당신이 하나님의 뜻은 번영이라는 사실을 의심하지 않을 때까지, 성령으로 하여금 당신 영혼에 진리를 가르치도록 하라"[13]라고 말한다(그녀가 말하는 번영은 다이아몬드 반지, 호화스런 자동차, 큰 집 등과 같이 현금으로 바꿀 수 있는 것들을 의미한다). 그녀의 하나님께서 하셔야 할 가장 중요한 일은 물질적 풍요를 보장해 주는 것이다.

코플랜드의 신앙은 1990년, 다 낡아빠진 컴퓨터 칩에게 예불을 드리면서 충성을 표했던 50명의 일본 기술자들의 신앙과

별다른 차이가 없는 것처럼 보인다. 고참 스님이 절을 하며 불경을 외우고 있을 때, 양반다리를 하고 있는 큰 불상 앞에는 낡아빠진 부품들로 가득한 칠기 접시가 극락으로 옮겨지기를 기다리며 놓여 있었다. 쇼겐 고바야시는 "칩을 경배하면 일본인들의 빚은 다 청산되리라고 확신합니다."14)라고 말했다. 만일 당신의 목표가 번영이라면 당신이 "빚을 갚아주는" 신을 ― 그 신이 컴퓨터 칩이든, 나의 성공을 위한 신이든 ― 섬기는 것은 충분히 이해가 간다. 하지만 아무리 기독교적 언어로 미화한다 할지라도 나의 성공을 위한 신은 성경에 나타난 하나님과 아무런 상관이 없다.

우리의 성공을 위한 신이 우리가 바라는 요구를 다 들어줄 힘이 있고, 원하는 소망을 다 이루어 줄 능력이 있다 하더라도, 우리에게는 여전히 우리를 구원할 수 있는 신이 필요하다. 성공은 구원이 아니다. 댄 웨이크필드Dan Wakefield는 자신의 첫 번째 소설 「Going All the Way」이 성공을 거둔 후 이렇게 이야기했다.

내 인생의 꿈이 실현되어서 나는 매우 기뻤다. 하지만 한편으로는 신경이 곤두서고 근심스러웠다. … 태초 이래로 사람들의 모습을 보면, 경험을 해보기 전까지는 아무것도 믿지 않는다. 성공, 성취, 보상 등은 모두 좋은 일이다. 그러나 이런 것들이 당신을 변화시키지는 못하며, 구원은 물론이고 변함없는 만족이나 내적

평화, 안정 등을 가져다주지는 못한다.… 소설이 인생의 모든 문제에 대한 해답은 아니다. 나는 술을 한잔 더 마셨다.[16]

웨이크필드보다 더 잘 알려진 한 작가는 이와 비슷한 경험을 했는데, 그는 자신의 작품에 대해 큰 호평을 받은 뒤 깊은 무력감에 빠져들었다. 그는 바로 신약성경 주석을 집필했고 「성공의 대가」 The Price of Success[16]라는 제목의 자서전을 쓰기도 한 필립스 J. B. Phillips 이다.

하나님께서는 우리가 성공이라는 사다리로는 도달할 수 없는 더 높은 곳으로 올려지셔야 한다. 그분께서는 돈, 권력, 사회적 지위 등에 대한 욕망 너머로 높이 들려지셔야 한다. 하찮은 신은 시시한 형태의 성공은 도울 수 있다. 그러나 거룩한 하나님께서는 모든 만물을 초월하시며, 제한된 시각에 의해 방해를 받지 않으시는 분이기 때문에 진정한 성공을 분별하시고 그것을 우리에게 가져다주실 수 있다. 우리가 그런 하나님을 이해하고 마땅히 되어야 할 모습으로 변화하기 위해서는 '성공'에 대한 철저한 재정의가 필요하다. 하나님께서는 우리로 하여금 풍성한 삶을 누리게 하시려고 사랑하는 아들을 보내시어 로마인들의 십자가 위에서 초라하고 힘없고 수치스러운 모습으로 죽게 하셨다. 그분은 이 죽음을 완전한 생명을 위한 승리라고 선언하셨다. 그렇게 성공을 재정의 하셨다. 그분은 우리가 만든 성공의 신을 사다리 밑으로 굴러 떨어지게 만드셨다.

나의 조국을 위한 신

시시한 우상들의 신전에 있는 신들 중 가장 눈에 띄는 신들을 조사하려면 나의 조국을 위한 신을 빼놓을 수 없다. 미국에서 특별히 선호되는 이 신은 선과 악을 모두 자극한다. 이 제단에서 바쳐지는 가장 훌륭한 제물은 애국적 희생이고 가장 나쁜 제물은 인종차별로 인한 폭력이다.

내 국가를 위한 신에게 헌신하는 종교의 혈관 속에 있는 산소는 미국 기독교를 신화적인 것으로 만들었다. 이 나라를 기독교의 본질로 돌이키라는 권고를 우리는 얼마나 자주 들어왔는가? 강대상에서부터 교회 뒷마당의 대화에 이르기까지 신문 사설로부터 정치 캠페인에 이르기까지 우리는 얼마나 비슷한 비탄의 소리들을 들어왔는가? 우리는 아름다운 기독교 유산을 상당부분 상실했다. 우리는 그것을 회복하여 하나님께서 주신 "열방의 빛"으로서의 역할을 다시 한 번 감당해야 한다.

힘을 바탕으로 한 기독교 신화는 진실과 오류를 포함하고 있다. 17세기, 북미의 동부 해안을 따라 처음 정착했던 식민지 개척자들은 청교도들로 그들은 신이 그들에게 부여한 임무를 확신하고 있었다. 1630년, 존 윈트로프John Winthrop는 아벨라 호에서 같은 배에 타고 있던 동료들 즉, 장차 매사추세츠 만 식민지의 미래 지도자들이 될 사람들에게 다음과 같은 예언적 설교를 했다. "우리는 산 위에 있는 동네와 같습니다. 그러므로 모든 사람들의 눈길이 우리에게 쏠려 있습니다. 만약 우리가 하나님을 거짓되게 대하면서 어떤 일을 해 나간다면, 하나님께서는 우리에게서 당신의 도움을 거두어 가실 것입니다. 우리는 전 세계의 조롱거리가 되고 좋지 않은 이야기 거리가 될 것입니다."[17]

프란시스 허긴슨은 New Englands Plantation에서 "신이 주신 운명"이라는 주제의 연설을 하였다. "우리의 가장 큰 위로와 모든 위협에 대한 방어 수단은 우리가 진정한 종교와 전능하신 하나님의 거룩한 율법을 소유하고 있다는 것입니다. … 우리는 하나님께서 우리와 함께 하시리라는 사실을 의심치 않습니다. 하나님께서 우리와 함께 하시는데 누가 감히 우리를 대적하겠습니까?"[18]

그러나 미국 독립전쟁과 국가 건립(공식적 출발) 즈음에는 상황이 많이 변해 있었다. 가장 위대한 건국 조상들 중의 한 사람인 토머스 제퍼슨은 기독교인이라기보다는 이신론자였다. 그는 성경에 계시된 하나님이 아닌 '자연신'을 근거로 독립선언문을 작성하였다. 그는 계시에 근거한 신앙을 가진 사람들이 정치권력을 잡으면 미국이 위험한 상황으로 치닫게 될 것이라고 생각했던 것 같다. 제퍼슨은 복음을 "나사렛 예수의 생애와 교훈들" 정도 밖에 안되는 가벼운 이야기로 편집하여 기독교 신앙을 축소시켰다.

하지만 만약 당신이 독립선언문을 읽어 본다면, 제퍼슨을 비판하고 싶은 마음이 사라질지도 모른다. 그것을 읽어보면, 헌법 제정회의는 복음의 부흥을 통해 발족되었으며, 헌법은 교회에 참석하는 새 나라의 모든 국민들의 참여로 이루어진 것처럼 보인다. 그러나 상황은 그렇지 않았다. 한 통계에 따르면, 오늘날 미국의 기독교 인구는 62%인데 반해 1776년 미국의 기독교 인구는 불과 17%에 지나지 않았다.[19] 그러니 어느 사회가 더 기독교적인 사회였겠는가?

　오늘날 미국인들은 예전보다 더 신앙심이 깊어졌고, 기독교는 예전보다 더 많은 사람들에게 존중받고 있다. 1990년 러셀 샨들러Russell Chandler가 11만 3천 명의 미국인들을 대상으로 실시한 설문조사에 따르면, 자신이 기독교인이라고 대답한 사람들은 86%나 되었고 무교라고 대답한 사람들은 불과 7.5%에 지나지 않았다.[20]

　그러나 미국인들의 실제 모습을 보면, 그들 중 상당수는 결코 깊은 기독교적 신앙을 가지고 있지 않다. 그들은 감정적 선호에 의해 기독교를 받아들이고 있다. 몇 년 전 한 잡지는 독자들에게 대중적으로 가장 인기 있는 영웅이 누구인지를 묻는 여론조사를 실시했다. 물론 예수님도 순위 안에는 있었지만 테레사 수녀, 조지 부시, 마돈나, 노만 슈와츠코프, 체르보다 후순위에 머물렀다. 예수님은 걸프전 참전용사, 배우 줄리아 로버츠와 같은 위치에 있었다. 광고회사 톰슨의 제임스 페터슨James Patterson과 피터 김Peter Kim은 「The Day America Told the Truth」란 책에 전 국민의 습관과 도덕관에 관한 설문조사 결과를 개제했다. 그들은 이렇게 말했다. "1990년대에는 윤리에 대한 의견 일치가 전혀 없다." 그들의 조사 결과에 의하면 미국인들 중 십계명의 구속력을 신봉하는 사람은 단지 13%에 불과했다.[21] 그런데도 미국이 "기독교 국가"라고 말할 수 있겠는가?

    1986년 갤럽 여론조사는 우리가 가장 신뢰하는 것은 기독교가 아니라 육군 상비 병력이라는 사실을 보여주었다.[22] 그럼에도 불구하고, 폭력 범죄, 유아사망, 무주택자, 이혼, 인종분쟁은 급격히 증가하고 있다. 그런데도 미국 사회에서 기독교가 제대로 된 영향력을 발휘하고 있다고 말할 수 있겠는가? 오루키 P.J. O'Rourke는 미국에 만연되어 있는 사회정신을 이렇게 설명했다.

    우리는 미국인이다. 그리고 지금은 현대이다. 우리에게 나쁜 일은 일어나지 않을 것이다. 우리가 해고를 당한다면, 그것은 실패가 아니라 직업에 대한 재평가 기회일 것이다. 결혼 생활이 엉망이 되어 버렸다면, 이혼하고 또 다시 결혼하면 된다. 이혼은 부끄러운 일이 아니다. 탁아소에서 아이들을 돌봐 줄 것이기 때문에 이혼한 여자는 자신의 직장으로 돌아갈 수 있다. … 유죄 판결을 받으면 테니스장이 있는 감옥에 가면 된다. 아니면 잠시 동안 지역 사회를 위한 봉사활동에 참여하여 시간을 보내면 된다. 아니면 정신과 의사로부터 자기 혐오증이라는 진단을 받음으로써 모든 의무를 떨쳐버릴 수 있다. … 카드놀이를 잘해서 서적 판매 계약서를 얻어낼 수도 있다.[23]

미국에 관해서는 어떤 이야기라도 할 수 있지만, 미국이 거룩하신 하나님의 뜻을 완벽하게 이루어 드리는 나라라고는 분명히 말할 수 없다.

많은 사람들은 하나님을 붉은 색, 흰 색, 푸른색으로 구성된 성조기 안에 싸려고 애쓴다. 이들은 하나님께서 세계 만국 중에서 가장 사랑하는 나라가 바로 미국이라고 확신한다. 그들은 미국에게 유용한 것은 하나님께도 유용하다고 생각한다. 신실한 기독교인들 조차 하나님 나라와 미합중국 사이에 있는 실질적인 차이를 이해하지 못하고 있는 것처럼 보인다.

내가 과장을 하고 있는가? 한 가지 시험을 해보라. 교회에서 기독교기를 치우고 얼마나 많은 사람들이 그것을 인식하는지 살펴보라. 그런 다음 성조기를 치우고 얼마나 많은 사람들이 그것을 알아채는지 살펴보라. 나는 목회 생활 12년 만에 용기를 내어 이 일을 해 보았는데, 아무도 기독교기가 없어진 것에 대해 말하지 않았다. 반면 다음 번 당회 때 우리는 성조기가 사라진 것에 대해 꽤 열띤 논쟁을 벌였다. 한 장로님이 이렇게 물었다. "깃발이 어떻게 된 겁니까?" 그러자 나는 성조기를 세상과 교회 사이의 상징적인 경계선인 본당 앞 홀에 옮겨 놓았다고 말했다. 그리고 우리는 로터리 클럽 회원도 아니고 그 밖의 다른 우익단체 회원도 아닌 교회의 일원이라는 사실을 일깨워 주었다. 그들은 성조기를 계속해서 홀에 두기로 결정했다. 그러나 만일 내가 깃발을 교회에서 완전히 치워 버리려고 했다면, 그들은 나 없이도 교회를 꾸려 나갈 수 있다고 말했을지도 모른다.

사실 미국 교회의 많은 사람들은 미국인이 먼저이고 기독교인은 그 다음이라고 생각한다. 그러나 그들은 의식적으로 그런 생각을 하지는 않는다. 왜냐하면 이 둘 사이에는 갈등은 물론이고 큰 차이점이 없기 때문이다. 하지만 애국심이 기독교 영성과 혼합될 때는 전자가 항상 후자를 위협할 가능성이 크다. 만약 감상주의에서 비롯된 것이 아니라면, 애국심은 필연적으로 정치적이 된다. 정치는 삶과 구체적인 연관성을 가지면서 삶을 규정한다. 심지어 그것은 돈 지갑에까지 영향을 미칠 뿐 아니라 우리로 하여금 어떤 것에는 문을 열게 하고 또 어떤 것들에는 문을 닫게 한다. 이러한 정치적 실용성은 강력한 자력을 발휘한다. 그러므로 우리가 그러한 자력으로부터 벗어나기 위해서는 기독교적 헌신이 필요하다. 그러한 헌신만이 우리로 하여금 왜곡된 시각에서 벗어나 하나님에 대한 올바른 관점을 가질 수 있게 한다.

좀 더 노골적으로 이야기하면 하나님은 대부분의 복음주의자들에게는 공화당원이고, 자유주의자들에게는 민주당원이다. 지난 총선 기간 동안, 한 단체는 많은 문제들에 대한 "기독교적" 입장을 알리는 소책자를 발송했는데, 나는 하나님께서 의회 용어를 제한하고 세금을 내리는데 호의적이라는 사실을 발견하고 놀랐다. 한편 지난 20년간의 주요 기독교 교파에 대한 정당의 견해를 살펴보면, 자유주의자들이 민주당 지지를 받지 못한 적을 찾기가 어렵다(물론, 복음주의와 자유주의 양측 모두는 정치에 대한 로마 가톨릭의 분명한 태도로부터 무엇인가를 배웠다. 예를 들어 그들은 "생명의 존엄성"을 근거로 낙태와 핵무기 증강 모두를 반대했다).

코끼리를 탄 신과 원숭이를 탄 신은 둘 다 편협한 문제에만 관심을 가지고 있어서 다른 일은 하지 않고 다만 거짓된 종교적 분위기만을 만들어 낼 뿐이다. 이 하찮은 신들은 정치적 선전에는 재주가 있지만 한 국가는 물론 개인조차 구원할 힘이 없다. 성경에 나타난 거룩한 하나님께서는 God Bless America 곡조에 저음을 첨가하지도 않고 귀에 거슬리는 Happy Days Are Here Again을 연주하시지도 않는다. 성경에 나타난 거룩한 하나님께서는 이스라엘이라는 한 나라를 따로 세우셔서 그들로 하여금 하나님의 은총과 심판을 증거하는 "만방의 빛"이 되게 하셨다. 성경에 나타난 거룩한 하나님께서는 모든 국경을 초월하여, 전 세계를 사랑으로 감싸고 계신다.

그렇다고 오해는 하지 말기 바란다. 나는 하나님께서 미국에 복을 주신 것을 감사한다. 또한 이 사회가 하나님의 뜻에 따라 질서 있게 발전되도록 최선을 다하는 것이 우리의 사명이자 도리라고 믿는다. 하지만 하나님으로 하여금 정치적 임무를 정의하도록 하는 것과 정치적 임무로 하여금 하나님을 정의하도록 하는 것은 전적으로 다른 일이다. 불행하게도 강력한 정치적 힘은 자주 하나님을 별 힘도 못 쓰는 신, 국가만을 위한 신으로 격하시켜 버린다.

더 큰 현실에 대한 무지

몇 년 전 시애틀에서 휴가를 보내고 있을 때, 나는 유니온 호수에 배를 띄웠다. 날씨도 맑았고 마음도 행복했다. 배가 바람을 가르면서 고속으로 질주하자 물방울이 아름답게 부서져 내렸다. 나는 하나님 나라가 가까이 와 있는 듯한 기분을 느꼈다.

그런데 몇 야드 떨어진 곳에 착륙을 시도하고 있는 수상 비행기 때문에 나의 몽상은 깨져 버렸다. 나는 갑자기 일어난 그 일로 큰 충격을 받았다. 심장은 멈추어 버린 것만 같았고 온 몸은 나무토막처럼 경직되어 버렸다. 얼마 후 나는 죽음이 내게 윙크한 것을 본 사람처럼 떨고 있었다. 그 비행기가 내 배를 향해 다가오고 있는 것처럼 느꼈기 때문이다. 하지만 나는 다가오는 비행기의 소리를 들을 수 없었고 형체도 볼 수 없었다. 왜냐하면 비행기 조종사는 비행기가 물을 향해 비행할 때 엔진을 공전시켜 소리를 낮추기 때문이다. 또한 배의 돛이 내 오른편 시야를 완전히 막고 있었기 때문이다. 내 왼편에는 물과 산을 배경으로 한 아름다운 시애틀의 하늘이 드리워져 있었다. 그리고 오른편에는 흰색 데이크론 돛이 팽팽하게 하늘을 덮고 있었다. 바로 그 돛이 내 시야를 완전히 가리고 있었던 것이다. 왜곡된 시각은 내게 안정에 대한 잘못된 이해, 즉 사물에 대한 거짓된 이해를 가져다준다.

우리가 하나님을 하찮게 만들어 버리면 비슷한 일이 발생한다. 우리의 관점이 아무리 매력적이거나 유용해 보인다 할지라도, 그것이 불완전하다는 사실을 인식하지 못하면 우리는 더 큰 현실을 감지하지 못하고 원래의 항해를 계속해 나가게 된다.

돛의 존재를 고백하는 것, 즉 우리의 무지를 인정하는 것은 정말 중요하다. 거룩한 하나님을 알기 위해서는 우리가 모르는 것을 인정해야 한다. 하나님의 빛을 보기 위해서는 영혼의 어두운 밤을 통과해야만 한다. 믿음을 가지기 위해서는 의심으로부터 출발해야 한다. 신지식은 불가지론의 내부로부터 탄생한다. 이러한 역설을 향해 이제 방향을 돌려보자.

4. 불가지론 찬양

오늘날 우리는 소위 세속 문화 속에서 "신앙의 상실"을 슬퍼한다. 그러나 우리는 금송아지를 만들었던 것은 이스라엘이며, 미혹하는 힘을 가진 하찮은 신들 앞에 굴복한 것은 교회라는 사실을 기억해야 한다. 따라서 우리는 스스로 조심해야 한다. 우리는 우리가 가진 하나님에 대한 지식은 우리가 생각하는 것만큼 그렇게 믿을만한 것이 못 될 수도 있다는 사실을 인식해야 한다.

거룩하신 하나님께서는 빗나간 상상의 귀고리들로 만든 금송아지들을 초월하시며, 모든 사물을 초월하신다. 키에르케고르 Kierkegaard가 말한 것처럼 창조자와 피조물 사이에는 무한한 질적 차이가 있다. 이러한 차이 때문에, 우리는 불가지론 agnosticism을 가볍게 여길 수 없다.

혹시 불가지론이라는 말이 당신의 신경을 거슬리게 하는가? 무신론자와는 달리 불가지론자는 신의 존재를 부인하지 않는다. 불가지론자의 문자적 의미는 "나는 모르겠습니다."(그리스의 a-gnostos에서 유래, '알지 못함')라고 말하는 사람이다. 이 말은 신의 실재에 대한 확신이 부족함을 나타내고 있으나, 신에 대한 지식을 갖고 싶어 하는 바람을 나타내기도 한다. 한 걸음 더 나아가서 말하자면, 존경할 만한 불가지론자는 시편 기자처럼 "주는 위대하시며, 크게 찬양을 받으시리이다. 주의 위대함은 기이하도다."라고 신에게 찬양을 드릴 수도 있다. 마지막 단어(기이하도다=알 수 없도다)에 강조점을 둔다면 말이다. 불가지론은 단순히 무지를 의미하는 단어이다. 하나님께서는 초월성과 전적 타자성을 가지신 분이다. 그래서 신을 알고자 하는 우리의 노력은 우리가 무지하다는 것을 인정하는 것으로부터 시작되어야 한다.

불가지론에는 길이 없다

아마도 당신은 예수 그리스도, 성경, 교회 교육을 떠올리고 있을지도 모른다. 왜냐하면 당신은 이런 것들이 하나님에 대한 진리를 계시하고 있다고 생각할 수 있기 때문이다. 우리는 이 책의 남은 장들을 통해 이런 것들을 면밀히 살펴보게 될 것이다. 깨달음 속에는 중요한 이치가 존재한다. 그것은 바로 우리가 인정하든 인정하지 않든 우리 모두는 불가론자로서 시작한다는 것이다. 우리가 이 점을 인정하지 않는다면, 우리는 하찮은 신들에게 너무 마음을 빼앗겨 우리 앞에 존재하는 진정한 신을 알아보지 못하게 될 것이다. 자신의 전적인 무지를 고백할 때 우리는 자신을 위해 자신이 만들어 놓은 신들과는 전혀 다른 하나님을 겸손히 받아들이게 될 것이다. 우리는 어두움 속에서 빛을 보게 될 것이고, 침묵 속에서 말씀을 듣게 될 것이다.

하나님께서는 예수 그리스도 안에서 당신을 계시하셨다. 이것은 하나님의 특별한 계시이다. 하지만 하나님께서는 그것에서 그치지 않으시고 피조물들에게 일반적인 계시도 주셨다. 그래서 인간은 알려고만 하면 누구든지 이 하나님의 일반적인 계시를 이해할 수 있다. 성경은 그것을 분명히 설명하고 있다. 바울은 "이는 하나님을 알 만한 것이 저희 속에 보임이라 … 창세로부터 그의 보이지 아니하는 것들 곧 그의 영원하신 능력과 신성이 그 만드신 만물에 분명히 보여 알게 되나니"(롬 1:19, 20)라고 역설한다. 자연은 우리가 하나님에 대해 전적으로 무지하도록 내버려두지 않는다. 피조물은 창조주를 증거 한다.

문제는 어떤 종류의 창조인가 하는 것이다. 위로 별들의 장엄함을 바라보고, 아래로 세포들의 복잡함을 바라볼 때, 우리는 조물주의 능력을 확실히 알 수 있다. 우주 안에 있는 천억여 개의 은하계, 그리고 그 각각 속에 있는 수많은 별들을 바라볼 때, 우리는 우주 안에는 우리의 상상을 초월한 능력이 존재함을 인식하게 된다. 750억여 개에서 뇌신경세포들이 만여 개의 연결고리를 통해 다른 신경세포들과 연결되어 있는 인간의 뇌를 보면 우리는 조물주의 세밀한 창조력을 이해하게 된다.

그러나 자연을 주시하면 상황은 모호해진다. 검은 색을 띤 과부 거미는 교미를 떠들썩하게 치른 다음에 그 짝을 먹어 치우며, 일본에서 발생한 지진은 도시 전체를 초토화시켰으며, 방글라데시에서 일어난 홍수는 수 만 명의 생명을 앗아갔으며, 암세포는 증식을 거듭하면서 인간의 생명을 위협한다. 당신은 이 세상을 보면서 놀라지 않을 수 없을 것이다. 자연에 대한 낭만주의는 훌륭한 영국시인들을 많이 배출했는지는 모르지만, 그것은 사실을 있는 그대로 반영하지는 못했다. 로드니 데인저필드 Rodney Dangerfield는 이 자연의 모호성을 정확히 묘사해 주었다. "나는 조개 하나를 내 귀에 대었다. 그러자 통화중 신호가 들렸다." 그렇다. 분명 저 편에 무엇인가 혹은 누구인가가 있다. 그러나 들리는 것은 통화중 신호뿐이다. 물리학 교수 폴 데이비스 Paul Davies는 이렇게 말했다. "나는 과학적 연구를 통해 우주가 정교하다는 사실을 점점 더 강하게 믿게 되었다. 어찌나 놀랍고 신비한지 그것을 단순한 사실로 받아들일 수 없을 정도다. 나는 더 높은 차원의 원리가 있음에 틀림없다고 생각한다."

로마서에서 보여준 사도 바울의 주장에 동의하는 사람들은 "맞아, 그 말이 정말 맞아. 피조물은 창조자를 증거하고 있어"라고 응답할 것이다. 하지만 다음과 같은 데이비스의 말은 사람들에게 문제의식을 느끼게 할 것이다. "인간이 높은 차원의 신을 부르고 싶어 하는 것은 기호와 정의의 문제이다."[1] 창조는 "더 높은 수준의 원리"가 있음을 입증할 수는 있지만, 그에 대한 명확한 설명은 할 수 없다. 그것은 우리에게 신의 성격에 관해서는 이야기하지 않는다.

화랑에서 위대한 미술 작품을 감상할 때, 우리는 그 미술가의 솜씨, 직관력, 통찰력에 감동을 받을 수는 있지만, 그 예술가 자신에 대해서는 잘 알 수 없다(키가 큰가 작은가?, 겸손한가 거만한가?). 작품은 작가의 성격에 관해서는 이야기하지 않는다. 시편 기자가 노래한 것처럼, 궁창은 하나님께서 그 손으로 하신 일을 드러낸다. 그러나 그 일을 하신 하나님에 관해서는 자세히 알려주지 않는다. 다시 말하면, 궁창은 우리에게 불가지론을 남겨 준다.

사실 궁창을 생각하면 할수록 불가지론은 점점 더 증대될지 모른다. 창조자의 능력은 망원경이나 현미경이 없어도 너무나 분명하게 드러난다. 그것은 우리의 가슴을 경외심과 궁금증으로 가득 채워준다. 우리는 이런 질문을 할지도 모른다. "도대체 이 신은 어떤 분이란 말인가?" 우주의 광활함을 생각할 때, 우리는 신비감 속으로 빠져든다. 밤하늘을 바라볼 때 우리는 창조주와 피조물 사이에 존재하는 절대적인 차이를 인식하게 된다. 어두운 밤하늘은 마치 우리의 무지한 마음처럼 느껴진다.

하지만 인간의 완악함은 현실에 대한 인식을 왜곡시켜 인간을 불가지론의 더 깊은 수렁 속으로 빠지게 할 수 있다. 죄악은 눈을 멀게 한다. 바울은 하나님의 놀라운 창조 역사를 설명한 후, 다음과 같은 말을 덧붙였다. 인간들이 "핑계치 못할지니라.

하나님을 알되 하나님으로 영화롭게도 아니하며 감사치도 아니하고 오히려 그 생각이 허망하여지며 미련한 마음이 어두워졌다." 하나님을 하나님으로서 영화롭게 하기를 거부하는 것은 "썩어지지 아니하는 하나님의 영광을 썩어질 사람과 금수와 버러지 형상의 우상으로" 바꾸는 결과를 낳았다(롬 1:20-23). 바꾸어 말해 우리가 하나님께 등을 돌리면 우리의 이성적 사고와 영적 통찰력은 빛으로부터 멀어져 어두움에 처하게 된다. 하지만 우리는 어떤 종류의 신이든 신의 도움 없이 살아가는 것을 원치 않기에, 어두움에 처해 있으면서도 그렇지 않다고 거짓말을 해가면서 축 늘어진 영혼을 부추겨 세워 줄 하찮은 신들을 만들어낸다.

물론 우리가 모든 것들에 대해 무지한 것은 아니다. 죄악은 우리로 하여금 하나님에 대해 눈멀게 하지만, 모든 진리에 대해 눈멀게 하지는 않는다. 자기중심성은 비록 우리가 처한 현실의 총체적인 그림을 비뚤어지게 만들지만, 창조에 대한 지식을 우리에게서 완전히 배제시키지는 않는다. 예를 들어, 어떤 물리학자가 아둔한 야심과 인간에 대해 증오심을 가진 사람이라 할지라도 블랙홀의 밀도나 행성모양의 천체에서 나오는 방사선에 대해서는 책임 있는 연구를 한다. 그는 하나님에 대해서는 정확히 설명할 수 없다 할지라도 다른 어떤 것들에 대해서는 어느 정도 분명한 설명을 할 수 있다. 하나님에 대해 잘 모른다 해도 모든 것에 대해 어리석다고 말할 수는 없다.

하지만 분명한 사실은 죄악이 하나님에 대한 정확한 지식을 가로막는다는 것이다. 이와 관련해 도널드 블러쉬Donald Bloesch는 이렇게 말했다. "하나님께서는 인간의 인식과 생각, 둘 다에 가까이 하시지 않는다. 하나님께서는 존재적으로 인간이나 자연으로부터 멀리 떨어져 계시는 것이 아니라, 인간의 죄악으로 인한 무지 때문에 경험할 수 있는 현실 세계에서는 숨어 계시는 것이다. 그러나 하늘은 하나님의 영광을 선포하고 계시한다(시 19:1-4). 오직 신앙의 눈과 귀를 가진 사람들만이 하나님의 빛을 볼 수 있고 하나님의 소리를 들을 수 있다."[2]

침묵 속의 경외

하나님의 자기 계시로 인해 우리가 하나님에 관해 어떤 이야기든지 할 수 있다 하더라도, 우리의 생각과 말은 무지의 깊은 침묵 속에서 형성 되어야 한다. 다시 말해, 하나님에 대한 우리의 근본적인 자세는 경외심이어야 한다. 하나님에 대해 이야기하는 우리는 누구인가? 제한된 이성적, 직관적 능력으로 전적 타자이신 하나님을 생각하는 우리는 누구인가? 우리는 하나님의 말씀을 주의 깊게 듣고 가능한 한 조심스럽게 신학적 틀을 형성한다 해도 기껏해야 하나님의 옷 끝을 스칠 수 있을 뿐이다. 우리의 정신적 팔은 너무 짧아서 하나님의 신비에 닿을 수 없다.[3]

우리는 대부분의 교회에서 이런 태도를 좀처럼 볼 수가 없다. 예배드리러 오는 사람들은 마치 축구 경기나 영화를 보러 온 사람들처럼 주차장에 허겁지겁 도착하여 안내원에게 미소 짓고 친구들에게 손을 흔든 후, 예배실로 모여든다. 마치 인간이 하나님을 만나는 일이 아주 자연스러운 일인 것처럼 말이다. 우주의 주인을 만나는 일이 그다지 대수롭지 않은 일인 것처럼 보인다. 복음주의 교회의 예배에서 회중들은 자주 습관적인 '아멘'을 반복하며, 설교자는 전능자 앞에서 잠시의 침묵도 보이지 않은 채, 행복한 웃음을 흘리면서 부드러운 이야기만을 내 뱉는다. 자유주의 교회의 예배에서 회중들은 습관적인 '아멘'은 덜 하지만, 설교자는 하나님의 이름으로 이 사회에 어떤 일들이 이루어져야 한다고 강조한다. 초월적인 개념은 평범한 것들에 의해 가려진다. 수직선은 수평선이 되어 버린다.

예배와 선포에 관한 내용은 나중에 다루게 될 것이다. 지금은 불가지론이 우리의 신학적 주장들을 품어서 우리의 신학적 주장이 하나님을 향한 경외심과 침묵으로 변해야 한다는 점을 강조하고자 한다. 우리는 정중함을 견지하면서 우리가 하나님에 대해서 많은 것을 아는 양 떠들어 대서는 안 된다. 비록 우리의 이야기가 확신에 찬 것이라 할지라도 무지에서 나온 이야기일 수 있다는 생각을 버려서는 안 된다.

교회는 지난 2천 년 간 하나님에 대한 이야기를 선포해 왔다. 그리고 우리들은 이러한 교회에 오랜 시간을 몸담아 왔다.

이제 우리는 신성한 이야기들을 자동차의 변속기 이야기 정도로 느긋하게 떠들게 되었다. 아마도 지금은 겸손히 침묵할 때가 아닌가 싶다.

히틀러에 대항하다 투옥된 디트리히 본회퍼Dietrich Bonhoeffer는 어느 날, 조카에게 유아세례에 관한 편지를 썼다. 편지에서 그는 하나님에 관해 많은 말을 하면서도, 살인적인 전쟁으로 스스로를 멸망시키고 있는 기독교 국가의 교회의 미래에 대해 언급했다.

> 다시 한 번 사람들을 불러 세상을 변화시키고 새롭게 할 하나님의 말씀을 말하게 될 그날(그날은 반드시 올 것이다)을 예언하는 것은 우리가 아니다. 그것은 종교적 언어가 아니라 예수님의 말씀처럼 자유케 하고 속량하는 새로운 언어일 것이다. 그 말씀으로 사람들은 충격을 받을 것이나 그 안에 있는 능력으로 다시 회복하게 될 것이다. 이 말씀은 인간과 다가올 하나님의 나라에 하나님의 평화를 선포하는 새로운 정의와 진리의 말씀이 될 것이다. … 그때까지 기독교는 침묵하며 숨어 있을 것이지만 기도하며 의를 행하고 하나님의 때를 기다리는 사람들이 있을 것이다.[4]

어느 정도까지 오늘날의 기독교가 "침묵의 숨겨진 사건"이 되어야 하는지는 나도 잘 모르겠다. 기독교적 요소의 무분별한 확산, 라디오와 텔레비전에서 범람하는 기독교 프로그램, 경외심을 잃어버린 전형적인 예배, 이런 것들은 나로 하여금 종교적인 연설을 일시 중지하는 것도 유익한 일이 아닐까 하는 생각을 하게 만든다. (마침 내가 엄청난 분량의 종교 서적들 속에 한 권의 책을 더 첨가하고 있는 이때). 나는 하나님에 관한 언어들은 우리의 진실한 불가지론을 반영해야 한다고 믿는다.

겸손한 정중함

하나님에 관한 무지를 인정하는 것은 하나님을 다 알아야만 한다는 부담감으로부터 우리를 자유롭게 해 준다. 우리는 여러 가지 이유 때문에 이 부담감을 느끼면서 비틀거린다. 때로 우리는 믿을 만한 증거를 얻기 위해 모든 신학적 질문들에 대한 해답을 원한다. 때로 우리는 하나님에 대한 어떤 지식(예컨데, 왜 하나님께서는 악을 허용하시나 등)을 가지게 되면 신앙은 더 커지고 의심은 더 작아질 것이라고 기대한다. 이와 같이 우리는 때때로 단순한 지적 오만에 빠지기도 한다. 그러나 이것은 짊어지고 가기에 벅찬 짐이다. 등에서 내려놓고 행복을 찾는 편이 더 나을 것이다.

키에르케고르는 이렇게 말했다. "하나님 앞에서 인간은 항상 악하다는 생각은 우리에게 위안이 된다."[5] 우리는 죄를 지을 수밖에 없는 존재다. 아니, 우리는 죄를 지을 수밖에 없을 뿐 아니라 죄를 지었으면서도 그것을 정당화하기 위해 온갖 핑계거리들을 찾아내는 또 다른 죄까지 짓는다. 그러니 하나님의 은총은 우리에게 얼마나 필요한 요소인가? 이와 유사하게, 하나님 앞에서 인간은 항상 무지하다는 생각 역시 우리에게 위안이 된다. 우리는 단지 들은 사실만을 알 수 있다. 우리는 그럴 수밖에 없는 존재다. 애니 딜라드는 이것을 "신비의 표면 위에 있는 희미한 발자국"[6]이라고 부른다.

    목사 초년생 때 나는 하나님에 관해서 모르는 것이 많다는 사실을 시인하곤 했다. 그러나 실제로는, 슬픔에 잠긴 한 어머니가 하나님께서는 왜 세 살밖에 안 된 어린 아들을 죽게 내버려 두셨는가라고 물어올 때, 또는 한 학생이 하나님의 주권과 인간의 자유의지 사이의 관계를 물어올 때, 또는 한 십대 소년이 삼위일체에 대한 설명을 요구할 때, 나는 늘 해답을 갖고 있어야만 할 필요성을 느꼈다. 나는 하나님께서 최대한 공적인 지지를 얻으시도록 최선을 다하는 하나님의 변호인이 되고 싶었던 것이다. 하지만 지금 나는 그때보다 더 "저는 모르겠습니다."라고 말할 수 있다. 나는 일을 많이 해 등이 굽은 말에서 날개를 단 페가수스로 변한 것 같은 감정을 느낀다. 신학에 관해 박식해야 한다는 엄청난 부담감을 조금씩 벗어버리자 나는 듯한 자유를 경험하기 시작했다.

    이러한 자유의 장점을 삶 속에 잘 적용시키면 많은 유익을 얻을 수 있다. 그것은 정중함으로 우리와 다른 사람들을 대할 수 있게 한다. 우리는 가족, 예술, 교육, 법, 그리고 정치에 관한 격렬한 전쟁이 벌어지고 있는 시대에 살고 있다. 제임스 데이비슨 헌터James Davison Hunter는 그의 유명한 저서 「Culture Wars」에서 이러한 갈등은 "국가의 정체성을 찾기 위한 투쟁 즉, 미국의 의미를 찾기 위한 투쟁이다. 다시 말해, 한 국가로서 과거에 우리는 누구였으며, 현재에 우리는 누구이며, 다음 세기에 우리는 누가 되기를 열망하고 있는가?"[7]라고 말했다. 그리고 이 모든 상황 가운데 교회는 어디에 서 있는가? 복음주의자들과 자유주의자들은 더 크게 반목하고 있으며, 같은 진영 내에서도 교파간의 분열은 점점 더 심해지고 있다.[8] 복잡한 문제들로 인해 논쟁의 목소리가 높아지면, 각각의 진영들은 문제들에 대한 깊은 열정과 애정 때문에 오만으로 가득 찬 확신의 바벨탑을 쌓으면서 대화에 임한다. 고요한 겸손의 목소리는 좀처럼 듣기가 힘들다. 확신에 찬 그들의 주장들 중 불가지론자들이 듣기에 적합한 온화한 것들조차 좀처럼 찾아보기가 힘들다.

리처드 마우Richard Mouw의 말처럼 교회를 포함한 우리 문화의 특징 중 하나는 "보기 드문 정중함"이다.[9] 불가지론적 입장을 솔직하게 고백하고, 우리가 알고 있다고 생각하는 것들의 핵심에 무지가 있을 수 있다는 사실을 겸허하게 인정할 때, 우리는 지나친 확신에 찬 혀들을 길들일 수 있을 것이다. 야고보 사도는 이렇게 말했다. "여러 종류의 짐승과 새며 벌레와 해물은 다 길들므로 사람에게 길들었거니와 혀는 능히 길들일 사람이 없나니 쉬지 아니하는 악이요 죽이는 독이 가득한 것이라"(약

3:7, 8). 방울뱀이나 모기들도 길들여졌는지는 의심스럽지만, 야고보의 이야기의 핵심은 논쟁할 필요도 없는 진실이다. 흔히 혀는 악의 도구가 되어 그 독을 인간관계 속에 뱉어버리며, 모든 문화를 산산 조각나게 만든다.

    하나님에 관한 우리의 무지를 인정하는 것이 이 쉽지 아니하는 작은 물건을 길들일 수 있다고 장담할 수는 없지만, 그것을 정중함이라는 철창살 뒤로 가두는 데에는 큰 도움이 될 것이다. 겸손한 마음은 다른 사람들을 향한 우리의 말과 태도를 변화시킬 수 있다. 테레사 수녀 앞에서 인도의 가난을 위해 무엇을 해야 할까 논쟁을 벌인다면 그것은 우스운 일이 될 것이다. 어떤 때에는 정중한 침묵은 아니더라도 절제된 표현이 필요하다. 우리의 알지 못함을 알게 될 때, 우리의 보지 못함을 보게 될 때, 우리의 무지의 깊이를 알게 될 때, 불가지론을 자연스럽게 받아들일 때, 우리는 모든 것을 알아야만 한다는 강박감으로부터 자유를 경험하고 우쭐대는 혀를 저지할 수 있는 겸손함과 정중함을 체험하게 될 것이다.

참을성 있는 개방성

    마침내 불가지론은 하나님의 자기 계시를 향하여 우리 자신을 가능한 한 충분히 개방하기를 요구한다. 우리는 논리적 추론과 과학적 실험, 개인적 경험을 통해 자신과 세계에 대한 많은 것들을 발견할 수 있다. 그러나 하나님에 관한 한 우리는 들어온 이야기만 알 수 있을 뿐이다. 우리가 만든 하찮은 신들에 대한 신앙과는 대조적으로, 하나님에 대한 신앙에는 우리에게 말씀하시는 것을 들을 수 있는 수용성과 넓은 개방성이 필요하다. 선입견은 배제되어야 하고 내부의 음성은 잠잠해져야 한다. 이런 일들은 쉽게 혹은 완벽하게 이루어지지는 않지만, 결코 멈추어서는 안 될 일이다. 진리의 하나님께서 우리의 무지를 치료하시도록 하기 위해서 우리는 쉽게 확신해버린 부스럼들을 긁어내는 일을 멈추지 말아야 한다. 캐나다의 유명 사진작가 프리맨 패터슨Freeman Patterson은 불가지론이 우리에게 요구하는 개방성을 사진 촬영 방법을 통해 설명했다.

자아를 해방시켜 주는 것은 사물을 제대로 보는 필수 조건이다. 당신이 자신을 자유롭게 내버려 둘 때, 어떤 고정된 방식으로 사진을 촬영하도록 제한 받지 않고, 대상에 대한 선입견을 버리게 된다. 당신이 훌륭한 사진을 찍을 수 있을지 걱정하고 일을 즐기고 있는지 분석하는 한 당신은 훌륭한 사진을 찍을 수도 없을 뿐 아니라 사진 찍는 기쁨을 충분히 경험할 수도 없다. 대상을 직접 경험하는 것으로부터 우러나오는 참신한 구상들을 자유롭게 해 준다면, 새로운 아이디어와 느낌으로 사진을 찍을 수 있을 것이다. 자기 자신이 만든 편견은 사물을 바로 보는데 있어 가장 크고 무너뜨리기 어려운 장애물이다.[10]

이와 같은 선입견과 편견으로부터의 해방은 하나님에 대한 이미지를 찍을 때도 필요하다. 하나님께서 허락하실 때 우리는 하나님을 이해하게 된다. 어거스틴의 말처럼 "하나님께서 무엇인가를 주실 때에는 빈손에 주신다."

신성한 진리는 우리의 외부로부터 와야만 한다.
그것은 우리 자신의 내부에 의한 것이 아닌,
하나님의 계시에 의한 것이어야 한다.
기독교 신앙은 하나님의 계시가
예수 그리스도 안에 나타난 사실을 믿는 것이다.

5. 하나님의 자기 계시

영국 런던의 트라팔가르 광장에는 넬슨 제독의 동상이 서 있다. 그런데 이 동상은 다시 만들어진 동상이다. 이전 동상은 너무 높은 기둥 위에 세워져 있어서 관광객들이 제대로 볼 수가 없었다. 그래서 약 40여 년 전, 런던 시는 이전의 동상과 똑같은 동상을 만들어 모든 사람들이 볼 수 있는 눈높이에 세워 놓게 된 것이다.[1]

하나님 역시 우리의 시야를 초월하여 존재하시는 분이기 때문에 우리의 이해의 눈으로는 그분을 제대로 볼 수가 없다. 하지만 우리에게는 "볼 수 없는 하나님의 형상"을 정확히 보여주는 대리자가 있다. 그분은 바로 예수 그리스도이시다. 우리는 예수님을 통해 하나님을 바라볼 수 있다. 성경을 통해 예수님의 생애를 살펴보면, 도저히 믿을 수 없을 것만 같은 놀라운 사실들을 발견하게 된다. 아무리 훌륭한 추리력과 상상력을 동원한다 하더라도, 어떻게 하나님께서 왕궁이 아니고 마구간에서 태어나시고, 비천한 무리들의 추종을 받으시고, 로마 제국의 변두리 지역을 돌아다니시고, 많은 괴롭힘을 받으시면서도 보복을 하지 않으시고, 종교 지도자들과 율법학자들에게 배척을 당하시고, 혹세무민과 신성모독으로 고소당하시어 급기야 십자가에 못박혀 죽었다는 사실을 믿을 수 있겠는가?

영리한 생각과 창조적인 상상력은 신성한 실체의 초상화를 불러낼 수 있을지는 모르지만, 결국 그 초상화들은 하나님보다는 인간에 관해서 더 많은 이야기를 해줄 것이다. 이 초상화들은 루드비히 포이에르바하 Ludwig Feuerbach의 종교에 대한 접근을 확고히 지지해 준다. "신은 성취될 것으로 확신하는 인간 마음의 소망이 구체화된 것이다.… 신학은 인간학에 불과하며, 신에 대한 지식은 인간에 대한 지식에 불과하다!"[2] 인간의 무지는 인간을 자기 자신 안에 가두어 스스로가 만들어 낸 하찮은 신들과 함께 있게 한다.

신성한 진리는 우리의 외부로부터 와야만 한다. 그것은 우리 자신의 내부에 의한 것이 아닌, 하나님의 계시에 의한 것이어야 한다. 기독교 신앙은 하나님의 계시가 예수 그리스도 안에 나타난 사실을 믿는 것이다. "그는 보이지 아니하는 하나님의 형상이요 … 아버지께서는 모든 충만으로 예수 안에 거하게 하시고"(골 1:15, 19). 감리교 목사 랄프 소크만 Ralph Sockman은 "역사의 구심점"이 베들레헴 마구간 문 앞에 놓여 있다고 선언한다.

왜냐하면 "영광스러운 형체, 견딜 수 없이 밝은 빛 그리고 멀리까지 빛나는 위엄의 눈빛이 영광의 자리를 버리고 인간이라는 육체를 입고 초라한 마구간을 선택했기 때문이다."[3]

칼 바르트와 중간 C음

칼 바르트는 하나님의 자기 계시의 필요성을 우리 시대의 그 누구보다도, 그리고 교회사를 장식한 그 누구보다도 잘 이해했던 사람이다. 그는 성경 비평학을 도입하여 보수주의자들에게 배척을 당했고, 자유주의자들에게는 성경 문자주의자라는 비웃음을 받았다. 그는 이 세대에 가장 영향력 있는 신학자이면서 동시에 가장 공격받는 신학자였다. 그에 관한 책들은 작은 도서관을 채울 만큼 많이 쓰여졌다. 어떤 사람들은 그를 제대로 연구하지도 않고 그에 관한 책들을 쓸 정도였으니 말이다.

나는 여기서 그에 관한 어떤 편견 섞인 논쟁들을 할 마음이 없다. 나는 충분한 지면을 할애하여 그가 피력했던 핵심적인 관심사를 전달하고자 할뿐이다. 그는 예언자의 열정을 가지고 우리가 꼭 배워야 할 진리를 외쳤다. 하나님을 알고자하는 기본적인 접근 방법은 두 가지로 요약될 수 있다. 하나는 인간으로부터 시작하는 접근 방법이고 다른 하나는 하나님으로부터 시작하는 접근 방법이다.

바르트는 첫 번째 방법이 19세기의 프로테스탄트 신학의 분명한 특징임을 잘 알고 있었다. 19세기는 관념론이 풍미한 시대, 인간 능력과 역사 발전에 대한 낙관적인 신앙이 만연된 시대, "하나님과 세상, 종교와 문화, 신앙과 이성, 하나님의 의와 세상의 권위, 왕좌와 제단 등이 자연스럽게 조화를 이루어 하나가 될 수 있다고 믿었던 시대였다. 즉 미래에 대한 긍정적 확신이 지배하던 시대였다."[4] 따라서 이러한 신앙은 불가피하게 인간의 감정이나 이성을 통해서 하나님을 알고자 추구하는 주관주의를 야기시켰다. 이것을 가장 명확하게 표현했던 신학자는 바로 프리드리히 슬라이에르마허 Friedrich Schleiermacher였다. 그는 자신의 책 「그리스도인의 신앙」에서 "신에 대한 인식은 절대 의존적인 감정 표현에 지나지 않는다"[5]라고 말했다. 그는 더욱 높은 힘에 종속되는 느낌을 통하여 인간은 하나님을 이해하는 길로 향한다. 즉 그는 인간의 감정적 경험이 하나님을 이해하는 수단이라고 주장한다. 그러나 바르트가 보기에 이런 접근 방법은 많은 한계를 가지고 있었다. 바르트는 토렌스 T.F. Torrance 식의 상징적 표현을 빌려 다음과 같이 말했다. "주관주의는 눈 더미에 갇힌 양 한 마리가 자신의 사상을 먹으면서 생존을 위해 애쓰고 있는 것과 같다."[6]

바르트가 이런 신념을 발전시키는 데에는 결정적인 두 가지 사건이 있었다. 그 중 하나는 제1차 세계대전이었다. 피비린내 나는 학살과 만행은 인간이 선을 타고난다는 긍정적인 확신을 불식시켰다.(바르트는 자신의 지성 발달에 영향을 주었던 독일 교수들이

카이저의 전쟁 정책을 지지하는 성명에 날인했을 때, 너무나도 놀라고 분노했다.) "인간이 인간에 관해 큰 목소리로 떠드는 내용이 하나님에 관해 말하는 내용이라고 할 수는 없다."[7]는 것이 명백해졌다. 창조자와 피조물 사이에 기본적인 연속성이 있다는 가정이 산산 조각나야만 했고, 무엇보다도 "하나님께서는 하늘에 계시고 너는 땅에 있다."[8]는 말이 필요했다.

바르트에게 일어난 두 번째 사건은 설교였다. 그는 스위스 자펜빌의 목사가 되어 주일마다 설교를 했다. "나는 양떼들에게 무엇을 들려주어야 하는가? 인간의 능력에 대한 낙관적이고 흔해빠진 이야기를 들려주어야 하는가? 아니다. 그런 일은 영원히 하지 않을 것이다. 신에 대한 나의 직관을 보고해야 하는가? 아니다. 하나님께서는 전적 타자로서 인간의 생각과 감정만으로는 도달할 수 없는 분이시다." 이처럼 바르트는 이미 하나님께서 말씀하신 것들만을 말할 수밖에 없다는 확신과, 전적으로 그 말씀에 의존해야 한다는 확신으로 이끌려졌다. 그는 예수 그리스도 안에서 알릴만한 가치가 있는 새 소식을 발견했다. "그의 이름 안에서 두 세계가 만나고 헤어지고, 두 면이 교차하고 분리되는데 가운데 하나는 알려졌고 다른 하나는 알려지지 않았다."[9] 따라서 인간은 실로 말할 수 없는 것을 말할 수 있으며 생각할 수 없는 것을 생각할 수 있다. 그러나 이것은 오직 예수 그리스도 안에 나타난 하나님의 계시에 의해서만 가능하다.

바르트는 동요됨이 없이 여생을 오직 한 방향만을 향해 나아갔다. 끊임없이 강의를 하고 수 많은 책을 쓰면서, 그는 처녀의 몸을 통해 베들레헴 마구간에서 나시고 예루살렘 성문 밖 십자가 위에서 못 박혀 돌아가신 하나님의 자기 계시인 예수 그리스도에게 모든 주의를 집중시켰다. 나치즘이 유럽 전체에 어두운 그림자를 드리우고 교회까지 암흑천지로 만들던 시절, 1934년 5월 29일-31일, 그는 바르멘에서 고백교회의 지도자들과 만나 "독일 기독교인들"의 오류에 대항하는 선언서를 발표했다. 그것은 자신의 신학작품들을 훌륭하게 요약한 것으로 복음주의 진리를 잘 대변하는 것이었다. 첫 번째 구절은 "예수 그리스도께서는 성경이 증거하듯이 우리가 평생 듣고 믿고 순종해야만 하는 하나님의 말씀이다. 교회가 하나님의 말씀인 예수 그리스도가 아닌, 다른 사건들과 능력들과 사물들과 진리들을 믿음의 근거이자 하나님의 계시로 인정하거나 인정하고 싶어한다면 그것은 잘못된 것이다. 우리는 그러한 거짓 교리들을 거부한다."[10]

바르트는 우리가 너무나 소홀히 대했던 진리, 우리의 욕망을 충족시키기 위해 우리 자신이 다루기 쉬운 신들을 만들었을 때 슬며시 우리 곁을 떠나갔던 진리에 대해 강력히 증거했다. 인간은 오직 예수 그리스도를 통해서만 하나님을 알 수 있다. 다른 모든 신은 우리 자신의 주관적 산물에 지나지 않는다. 이것은 서투른 모방을 통해 만들어낸 하찮은 신들에 불과하다. 「성의」 The Robe와 몇몇 유명 소설들을 써 낸 로이드 더글라스Lloyd Douglas는 대학 시절 기숙사에서 살았다. 일층에 은퇴한 음악 선생님이 살고 있었는데 그는 허약하여 아파트 밖을 나갈 수 없었다. 그래서 더글러스는 이 노인을 위해 매일 아침마다 하나의 의식을 실시했다. 그것은 바로 노인의 집을 방문해 안부를 묻는 것이었다. "오늘 기분이 어떠세요?" 그 노인은 그의 음차 tuning fork로 휠체어를 두드리면서, 항상 "중간 C 음이야! 오늘도 중간 C 음이고, 내일도 중간 C 음일거고 지금부터 천 년이 지나도 중간 C 음일거야. 이층에 사는 테너의 목소리가 반 음 내려가고, 현관 저쪽 편에 있는 피아노의 음이 안 맞아도, 이봐, 친구, 그래도 난 중간 C 음이란 말이야!"[11]라고 말하곤 했다. 그 노인에게는 자신이 의지할 수 있는 지속적인 실체, 자신이 매달릴 수 있는 변함없는 진리가 있었던 것이다.

예수 그리스도께서는 경쟁하는 진리들이 불협화음을 내는 이 세상에서 중간 C 음을 울리는 우리의 음차이시다. 그분께서는 음색의 실제를 정해주실 뿐 아니라 다른 모든 음들을 알맞은 자리로 가져다주신다. 그가 없이는 진리 특별히 하나님에 관한 진리는 왜곡되고 무질서해지고 조화를 상실하게 된다. 그러므로 하늘의 음악을 들으려면 우리는 예수 그리스도에게 귀를 기울여야 한다.

우리가 C 음을 들을 때, 즉 예수 그리스도의 계시와 접할 때 우리는 두 가지 일을 경험한다. 그 한 가지는 바로 하나님과 분리되는 경험이고 다른 한 가지는 하나님과 하나가 되는 경험이다.

계시는 분리한다

우리가 종교적 주관을 통해서가 아닌 예수 그리스도를 통해서 하나님을 알게 되면, 우리는 우리의 위치를 정확히 인식하게 된다. 우리는 하나님께서는 하늘에 계시고, 우리는 땅 위에 있다는 사실을 인식하게 된다. 그리고 하나님께서는 말씀하시고 우리는 듣는다는 사실을 인식하게 된다.

우리는 오직 겸손한 가운데서만 하나님을 알게 된다. 이 겸손은 자신의 두뇌나 영적 힘으로 신학적 진리의 문을 급습하려는 모든 시도들을 멈추며, 더 자극적인 계시를 발견하기 위해 예수 그리스도의 주변에서 서성거리는 태도들을 중단하면서 우리에게 주어진 것들을 단순히 받아들이는 것이다.

존 매쿼리John Macquarrie의 주장은 인간의 지식을 기초로 하여 세워진 신학이 얼마나 위험한지를 보여준다. 그는 그리스도의 사역에 대해 논하면서 대리적인 속죄 개념을 부정한다. 그는 "비록 성경과 신학 역사의 지지를 받아왔다 할지라도 속죄의 교리는 이성과 양심에 모욕을 주기 때문에 거부되어야만 한다."[12]라고 말했다. 매쿼리에게 있어 진정한 권위는 인간 이성인 것처럼 보인다. 따라서 그가 "우리는 기독론을 초월적인 인간학의 한 종류로 본다."[13]라고 말한 것은 놀랄 일이 아니다. 그는 신에 대해 이야기하려면 인간에 대해 큰 소리로 이야기하면 된다고 생각했던 것이다.

루이스C.S. Lewis는 「나니아 연대기 3편 - 말과 소년」에서 말 브리와 그 말을 탄 소년 샤스타에 관한 이야기를 한다. 모험 중에 그들은 또 다른 말 윈과 윈의 짝 아라비스와 합류하게 된다. 이 이야기의 말미에서 브리는 매우 중요한 사실을 배우게 된다. 그 깨달음은 나니아의 유명한 지도자인 아슬란이 실제로는 사자일지도 모른다는 아라비스의 말을 비웃을 때 갑자기 생기게 된다. 그는 윈과 아라비스가 자신의 뒤쪽 벽에 있는 무언가를 놀란 눈으로 바라보고 있다는 것을 눈치채지 못한다.

브리가 이야기하고 있을 때 그들은 어마어마하게 큰 사자 한 마리가 밖으로부터 뛰어 들어와 푸른 벽 옆에서 균형을 잡고 있는 것을 본다. 밝은 갈색의 그 사자는 그들이 이제껏 보아 온 다른 어떤 사자들보다 더 크고 아름답고 놀라왔다. 그 사자는 갑자기 벽 안쪽으로 뛰어내리더니 뒤쪽에서 브리에게 다가오고 있었다. 그 사자는 아무런 소리도 내지 않았다. 윈과 아라비스 역시 마치 얼어붙은 것처럼 아무런 소리도 낼 수 없었다.

브리는 계속해서 말했다. "분명히 그를 사자일 거라고 말한 것은 사자처럼 힘이 세다는 의미이겠지. 우리의 적들에게 사자처럼 무섭다는 것을 말하려는 것이겠지. 그렇지. 사자와 비슷하다는 말을 하고 싶었던 거지. 아라비스, 너 같이 작은 여자 아이가 그를 진짜 사자로 생각한다는 것은 정말 말도 안 되는 일이야. 그건 정말 무례한 말일 수 있어. 그가 만일 사자라면, 그가 짐승이라는 말이야. 이런!" (여기서 브리는 웃기 시작했다) "그가 만일 사자라면 발톱 네 개와 꼬리와 수염이 있었어야 해! … 아이, 후후! 살려 줘!"

그가 수염이라는 말을 할 때 아슬란의 수염 하나가 실제로 그의 귀를 간지럽혔다. 브리는 마치 화살처럼 다른 쪽 담으로 달아났다. 그런 후, 뒤를 돌아봤다. 그의 앞에 놓인 담은 너무 높아서 뛰어 넘을 수가 없었다. 그는 더 이상 달아날 수도 없었다. 아라비스와 윈은 둘 다 뒷걸음치기 시작했다. 아슬란이 말했다. "이봐 브리, 이 가련하고 자존심 강하고 겁 많은 말아, 나를 만지고, 내 냄새를 맡아라. 여기 내 발톱이 있고 내 꼬리가 있단다. 그리고 이것은 내 수염이다. 나는 정말로 짐승이란다." 브리는 떨리는 목소리로 말했다. "아슬란, 저는 틀림없이 바보인가 봐요." "아직 젊었을 때 그 사실을 아는 말은 행복할지어다. 인간도 마찬가지이겠지만."[14]

우리가 자신의 생각과 상상력으로 하찮은 신들을 만들어 놓고는 이것이 하나님의 본 모습이라고 수다를 떨 때마다 우리는 최고의 바보짓을 하고 있는 것이다. 그러나 하나님께서는 우리를 무지와 거만과 어리석음 가운데 버려두지 않으신다. 사자이신 그분께서는 우리가 조심스럽게 쌓아 올린 확신의 벽 위로 뛰어올라 수염으로 우리의 귀를 간지럽히신다. 그분께서는 "가까이 다가 오거라. 내 자녀들아 더 가까이 다가 오거라. 괜히 덤비지 말고 그저 만져 보거라"라고 말씀하신다.

예수 그리스도를 통해 나타난 하나님의 자기 계시는 우리로 하여금 우리 자리에 서게 하고 우리의 한계를 인정하게 한다. 다시 말해, 그것은 우리를 하나님께로부터 분리시킨다. 하나님께서는 우리의 추측만큼 그렇게 가까이 계시지 않는다. 하나님과 우리 사이의 간격이 매우 좁을 것이라는 우리의 가정假定이 무너질 때 우리는 무척이나 놀라게 될 것이다.

계시는 통합한다

하나님께서 우리를 우리의 자리에 놓는 그 순간이 바로 하나님께서 우리를 만나 주시는 순간이다. 이것이 바로 계시의 역설이다. 다시 말해, 그 사자가 우리를 놀라게 하면서 "나를 만져라"고 말하는 그 순간, 우리는 분리 속에서 심오한 결합을 경험한다.

만약 사도적 증언이 진실하고, 하나님께서 예수 그리스도 안에 충만히 거하심이 옳다면, 우리는 우리의 이성적 신학 연구와 경건한 영적 해석들 뒤에 어둡게 감추어진 신, 이해할 수 없을 정도로 멀리 떨어져 있는 신, 알 수 없는 공포를 자아내면서 우리 영혼의 모든 무릎을 떨게 하는 신이 존재한다는 두려움과 염려로부터 해방될 수 있을 것이다. 만약 예수 그리스도께서 절대적 존재인 하나님의 얼굴을 계시하신다면 우리는 확신을 가지고 우리에게 주어진 믿을 만한 신이신 하나님을 붙잡을 수 있을 것이다. 우리는 예수 그리스도 안에서 진정한 하나님, 정말로 존재하시는 하나님을 만날 수 있다.

하나님의 자기 계시는 인간이 되신 예수 그리스도를 통해 주어졌기 때문에 우리는 기본적으로 하나님을 인격적인 분이라고 주장할 수 있다. 결국 우리가 하나님에 관해 무엇이든 이야기하려면 이 점에서부터 시작해야 한다. 예수 그리스도 안에 계시된 하나님께서는 '자아' 즉 '나'로서 행동하신다. 폴 쥬트Paul Jewett의 말에 의하면 "신학의 주체는 '부동의 원동자', '제일 원리', '존재의 근원', '인간 이상의 요소', '진화 과정에서 없어서는 안될 충동', '궁극적 통합 원리' 등으로 표현되는 신이 아니라, 우리에게 '나는 너의 하나님 여호와로라'(출 20:2)라고 말씀하시는 인격적인 사랑의 신이다. 성경의 하나님은 추상적인 사고에 의해 정의되는 신이 아니라 인격적인 만남을 통해 자기 자신을 드러내는 신이다."[15]

그러므로 인격적인 자기 노출로서의 하나님의 계시는 관계적인 사건이다. 살아 있는 존재들 사이에서 전달되는 진리는 항상 어떤 종류의 관계를 포함한다. 즉 신앙 또는 불신앙, 사랑 또는 증오, 능동 또는 수동과 같은 관계적 요소들을 포함한다. 정보 자체는 일방통행로를 따라 움직일 수 있지만, 정보의 교류는 양방향 차선에서 일어난다. 한쪽 편에서 말을 한다고 해서 상대방이 꼭 듣는다는 추론을 할 수는 없다(책이나 텔레비전에 몰두해 있는 사람에게 말을 하려고 애쓰는 어떤 사람의 예처럼). 그러나 대화에는 듣는 사람과 그의 반응이 있다. 말씀은 단지 추상 속에 떠도는 생각이 아니고, 친구로서의 응답을 요구하는 구체적인 인격체이기 때문에 우리를 하나님과 결합하게 한다.

신뢰의 필요성

개인적인 대화가 더 많아질수록 그 관계는 더욱 더 중요해진다. 어떤 남녀가 새 컴퓨터 프로그램을 사용하는 방법에 관해 대화하고 있다면, 그 대화 안에는 개인적이고 사적인 요소가 거의 존재하지 않을 것이다. 하지만 만약, 그들이 하나의 인격체들로서 상대방에 대해 개인적인 관심을 가지게 된다면, 그리고 그 관심의 빈도를 증대시킨다면, 당연히 자기 노출 또한 증대될 것이다. 더 나아가 만약 그들이 사랑에 빠지고 결혼이라고 불리는 궁극적인 자기 노출을 시도하게 된다면, 아마도 그것은 서로에 대한 깊은 신뢰 때문일 것이다.

이와 비슷하게 하나님에 관한 지식은 인격적이기 때문에 그것은 신뢰 관계 속에서 얻어질 수 있다. 말씀은 하나님께로부터 우리에게 오며 우리는 그 말씀에 아무것도 첨가하지 않는다. 그렇다고 우리가 전적으로 수동적인 것은 아니다. 말씀은 예수 그리스도라는 인격체이기 때문에 우리는 관계 속에서 하나님의 계시에 접근할 수 있다. 요한은 "영접하는 자 곧 그 이름을 믿는 자들에게는 하나님의 자녀가 되는 권세를 주셨으니"(요 1:12)라고 말했다. 하나님의 계시가 구체화된 예수 그리스도, 그분을 영접하고 그분의 이름을 믿는다는 것은 그분께 우리 자신을 의탁한다는 것을 의미한다.

주의 깊은 관찰을 하려면 적절한 연구 방식을 통해 연구 대상을 관찰해야 한다. 천문학자들은 천체망원경으로 별을 관찰하고, 생물학자들은 현미경으로 세포를 관찰하고, 사회학자들은 조사와 면담을 통해서 인간의 행동 양식을 발견하고, 정신 병리학자들은 깊은 대화를 통해 잠재의식을 연구한다. 이와 비슷한 원리로 기독교인들은 스스로를 예수 그리스도께 의탁함으로써 하나님의 자기 계시를 발견하게 된다.

안셀름은 신학적 기획을 "이해를 추구하는 신앙"fides quaerens intellectum이라고 묘사했다. 이것은 정말 중요한 문제다. 우리는 믿기 위해 이해를 추구하는 것이 아니라 이해하기 위해서 믿는다. 헬무트 틸리케는 "그리스도에 대한 우리의 지식은 우리가 그와 인격적인 신앙 관계를 이루었을 때에만 우리에게 주어진다."16)라고 말했다.

만약 우리가 하나님이시며 동시에 인간이신 예수 그리스도를 관계적인 방법으로 이해하려 하지 않고 단지 외적 지식으로 이해하려 한다면 우리는 어려움에 처하게 되고 많은 역설들에 의해 압도당하게 될 것이다. 예수 그리스도께서 어떻게 신과 인간 둘 다가 되실 수 있을까? 그분께서 어떻게 동시에 찬양 받는 주와 겸손한 종이 되실 수 있을까? 머지않아 우리는 지적인 혼란으로 길을 잃게 될 것이다. 하지만 만약 우리가 관계적 신앙으로 예수 그리스도에 관한 지식을 대한다면 우리는 달라질 것이다. 예수님께서는 "나를 따르라" 라는 말씀으로 제자들을 부르셨다. 그리고는 몇 년 동안 그들과 함께 생활하신 후에야 "너희는 나를 누구라 하느냐?"라고 물으셨다. 힘든 바위투성이의 길을 걸어간다 할지라도 예수님을 신뢰할 수만 있다면 우리는 우리의 사고를 초월하지만 우리를 이해로 이끌어 가시는 그분의 손에 의해 보호받게 될 것이다.

맹목적인 신앙

자신의 신앙이 중요하기는 하지만, 그것만으로는 하나님을 발견할 수 없다. 성경을 살펴봐도, 자신만을 바라보는 신앙은 참된 신앙이 아니다. 우리는 자신의 깊은 내면을 들여다보거나, 자신의 직관을 따르거나, 자신의 양심에 주의를 집중하거나, "은밀한 소리"에 귀를 기울임으로써 하나님을 발견하지는 못한다. 심지어 그것이 영적 중심이라 할지라도 중심만을 응시하면 오직 중심만 보일 뿐이다. 프리만 패터슨Freeman Patterson은 "자아를 해방하는 것은 제대로 보기 위한 필수 조건이다."[17]라고 말했다. 우리에게 가장 필요한 태도는 자기 자신에게로 향했던 관심을 예수 그리스도께로 선회하는 것이다.

나는 에딘버러 대학에서 박사 과정 공부를 시작하기 전에, 거처를 마련하기 위해서 가족들보다 몇 주 앞서 스코틀랜드로 갔다. 그곳에 도착한지 며칠 후, 나는 어셔 홀에서 열리는 음악회에 참석했다. 그런데 연주회가 끝나고 밖으로 나오자 비가 내리고 있었다. 나는 우산이나 비옷을 가지고 오지 않았지만 별로 큰 걱정을 하지는 않았다. 왜냐하면 옷이 너무 많이 젖어 버리기 전에 뛰어서 내 방으로 돌아갈 수 있을 것으로 생각했기 때문이다. 나는 그런 확신을 가지고 어두운 거리를 뚫고 달려갔다. 그런데 갑자기 비가 거세지기 시작했다. 동네도 점점 더 낯설어지기 시작했다. 내 마음 속에는 두려움이 풍선처럼 부풀어 올라오고 있었다. 집을 찾을 수 있을 거라는 확신은 시들어가고 있었다. 나는 이리저리 뛰어 다니면서 길을 찾았지만 점점 더 미궁 속으로 빠져들어 가고만 있었다. 나는 완전히 길을 잃고 말았다. 도움이 필요했지만, 길 잃은 고양이조차 눈에 띄지 않았다. 그야말로 자포자기할 수밖에 없는 상황이었다.

그때 한 사람이 나타났다. 그는 무슨 약속을 했기에 이런 혹독한 날씨에 여기 있게 된 것일까? 애인과의 비밀 약속? 아니면 나를 찾기 위해? 아니면 천사가 보내서? 그가 누구였든 간에 나는 그가 필요했다.

"선생님, 폴락 주택단지로 가는 길을 알려주실 수 있나요?"

"네. 이 거리 아래로 세 블록을 내려가세요. 그리고는 클러크에서 왼쪽으로 방향을 바꾸신 후, 두 블록 더 내려 가세요. 그런 다음 다시 오른 쪽으로 돌아서 …" 그는 당황스러워 하는 내 눈 빛을 읽고는 설명을 멈추었다. 그리고는 이렇게 말했다. "오, 제가 길을 안내하지요. 따라오세요."

그 순간 아마도 나는 가장 순수한 신앙 상태를 경험했던 것 같다. 나는 전적으로 이 남자의 안내에 의존했다. 나는 한 순간도 비에 젖어 있는 내 모습, 두려움에 떨었던 내 모습, 당황했던 내 말투 등에 신경을 쓰지 않았다. 그때 나의 관심은 오직 그 구원자에게만 가 있었다. 나는 그가 말하는 것, 그가 안내하는 것에만 집중했다.

진정한 기독교인의 신앙은 이처럼 맹목적인 것이다. 인격적인 하나님에 대한 지식은 맹목적일 필요가 있다. 오직 우리는 신뢰를 통해서만 예수 그리스도 안에서 우리에게 주어진 하나님의 계시를 받을 수 있다. 사랑에 빠진 사람은 자기 자신을 거의 의식하지 못한다. 신앙을 가진 사람 역시 마찬가지다. 신앙은 자신을 깨끗이 잊어버리고 사랑하는 사람의 매력에 포로가 되려는 열정이 있는 곳에 존재한다. 신앙은 자기 자신이 신뢰하는 대상에게 관심을 집중시키고 고정시킨다.

바꾸어 말하면, 하나님의 계시는 객관적이며, 역사의 외부로부터 오며, 우리의 생각과 감정 밖으로부터 온다. 하나님의 계시는 우리를 향하여 서서, 우리에게 말을 걸고, 우리를 판단하고, 구원하고, 변화시킨다. 그러나 예수 그리스도께서는 인격체이기 때문에 우리는 인격적인 진리의 하나님을 향해 마음을 열고 그분을 신뢰하고 그분에게 응답할 수 있다.

    그러나 이런 관계는 우리 편에서 보면 그리 흥미롭지 못할 수도 있다. 왜냐하면 우리 중 많은 사람들은 자신의 내부에서 불신과 자기아집 등 많은 단점을 발견하기 때문이다. 베드로가 주님을 보자 갈릴리 바다에 뛰어들어 허우적거렸던 것처럼 우리는 스스로가 하고 있는 일에 집중하는 순간, 주관주의라는 죽음의 바다에서 허우적거리게 된다. 우리는 물위를 걸어갈 수 없을 것만 같은 환경 즉, 바람과 파도에 집중할 때, 물속으로 빠져들게 된다. 우리 자신으로부터의 구원, 그리고 우리 스스로가 만들어 놓은 동정심 많은 신들로부터의 구원은 오직 우리를 하나님과 화합할 수 있도록 끌어올려 주실 수 있는 그분, 예수 그리스도를 바라봄으로서만 가능하다.

예수 그리스도와의 만남

    우리는 예수 그리스도의 손을 잡을 때, 하나님을 만난다. 그렇다면, 이런 일이 어떻게 일어날 수 있는가? 어디에서 예수 그리스도의 손을 잡을 수 있는가?

    분명한 사실은 "내면의 빛"을 통해서는 아니다. 왜냐하면 우리는 종교적 주관주의가 자기만의 경험을 위해서 자신을 매고 있는 끈을 너무 쉽게 풀어버려 영적인 욕망을 만족시키지 못하는 것을 보아왔기 때문이다. 종교적 주관주의는 순간적인 희열은 느끼게 하지만, 진정한 만족을 주지는 못한다. 그것은 우리로 하여금 방황하게 하면서 동시에 영적 만족을 갈망하게 하기 때문에 결국 하찮은 신을 만들게 한다. 예수 그리스도께서 우리의 경험 밖으로부터, 우리의 경건한 업적들, 그리고 직관들과 감정들 밖으로부터 오실 때에 우리는 하나님을 만날 수 있다. 그것은 정말 감사한 일이 아닐 수 없다.

그렇다면 우리는 어디에서 예수 그리스도를 만나는가? 역사 속에서? 아니다. 비록 지금까지 "역사적 예수에 대한 탐구"(19세기)와 "역사적 예수에 대한 새로운 탐구"(20세기 중엽), 최근에 실시된 존 마이어 John P. Meier[18])와 존 도미니크 크로산 John Dominic Crossan[19])의 연구, "예수 세미나" 등 예수에 대한 객관적인 연구들이 끊임없이 계속되었지만 그것들은 결국 실패로 돌아가고 말았다. 그것들은 성경의 배후를 파헤쳐 예수를 역사 속에서 찾으려는 시도를 거듭했지만 예수는 결코 그런 곳에 있지 않았다. 사실 이러한 연구들의 접근 방식은 많은 어려움을 내포하고 있다. 우리가 신뢰하고 있는 신약성경을 예로 든다면, 이것은 역사적 산물이기는 하지만 현대적 의미에서 말하는 전기는 아니다. 신약성경은 과거에 일어났던 사건들을 중립적인 태도로 관찰하는 학자들에 의해 쓰여진 것이 아니라 하나님의 사랑에 사로잡혀 부활하신 구세주를 담대히 전한 복음의 증거자들, 믿음의 성도들에 의해 쓰여졌다. 그러므로 아무리 역사를 객관적으로 증명하기 위하여 그리스도에 대한 신앙을 제거하려 하여도 그것은 성공할 수가 없다. 왜냐하면 우리가 살펴본 것처럼 예수 그리스도께서는 오직 신앙적 관계 속에서만 만날 수 있는 분이시기 때문이다. 예수님의 제자들은 믿음으로 예수님을 만났고, 이제 그들의 신앙을 이어받은 우리들은 우리 자신의 믿음으로 예수님을 만난다.

예수 그리스도께서는 성육신하시어 우리 가운데 거하시는 영원한 말씀이시다. 하나님께서는 예수 그리스도를 통해 우리 가운데 인격적으로 나타나셨다. 칼케돈 신조는 그것을 "완전한 신성과 완전한 인성을 가지신 진정한 신이자 진정한 인간"이라고 표현했다. 성경의 증언을 통해, 예수님의 자기 비하는 지금도 계속되고 있다. 지금도 말씀은 계속해서 육신이 되고 있다. 다시 말해, 예수 그리스도 안에 충만히 거하시고 사도들에게 영감을 불어넣어 그분을 증거하도록 하신 성령께서 이제는 우리가 그 말씀을 읽도록 고무하신다. 성령의 왕성한 역사를 통해, 우리는 죽은 하나님의 말씀이 아니라 "살아있고 운동력이 있어 좌우에 날 선 어떤 검보다도 예리한"(히 4:12) 하나님의 말씀을 만난다.

우리는 9장에서 역동적인 말씀의 통로로서의 성경적 역할을 더 자세히 살펴볼 것이다. 그러나 지금 우리는 오직 예수 그리스도를 통해서만 하나님을 알 수 있고, 성경을 통해서만 예수 그리스도를 알 수 있다는 사실을 이해해야 한다.

성경을 통해 예수 그리스도의 모습을 살펴 본 사람들은 "온화하고 여유 있고 부드러운 예수"를 발견하기 어려울 것이다.

그들은 오히려, 우리의 목덜미를 잡아 흔들면서까지 우리가 지금까지 소중히 여겨왔던 거짓 신들, 그 하찮은 신들의 형상들을 깨뜨려 조각내는 '우상 파괴자' Iconoclast의 모습을 발견하게 될 것이다.

살아계신 하나님께서는 사람들의 목적에 맞지 않았기 때문에 버림받으셨다. 그분께서는 그 시대의 "올바른 정치적 정통성"에도 맞지 않기 때문에 바리새파, 사두개파, 열심당원, 로마인 모두에게 거부당하셨다. 이런 하나님께서 말씀 속에서 우리에게 나타나신다면 어떻게 우리가 나의 목적을 위해 예수님을 하찮은 신으로 대체할 수 있겠는가?

살아계신 하나님께서는 계속해서 지식 있는 사람들을 당혹스럽게 만드셨고, 어린 아이들을 천국에 들어갈 후보자의 모형으로 세우셨고, 비유와 역설로 가르침을 베풀어 청중들의 의문을 자아냈고 완전히 새로운 말씀으로 청중들의 굳은 신념을 깨뜨려 버리셨다. 이런 하나님께서 말씀 속에서 우리에게 나타나신다면 어떻게 우리가 예수님 그분이 아닌 나의 이해로부터 비롯된 신을 믿을 수 있겠는가?

살아계신 하나님께서는 세리는 부르셨지만 부자 청년에게는 "너의 모든 소유를 팔아 가난한 자들에게 나누어 주어라 … 그리고 와서 나를 따르라"라고 말씀하셨고 베드로의 성급함은 참으셨지만 자칭 제자인체하는 자에게는 "그 대가를 세어보라"라고 주의를 주셨다. 이런 하나님께서 말씀 속에서 우리에게 나타나신다면 어떻게 우리가 예수님 그분이 아닌 나의 경험으로부터 비롯된 신을 믿을 수 있겠는가?

살아계신 하나님께서는 "여우도 굴이 있고 공중의 새도 거처가 있으되 오직 인자는 머리 둘 곳이 없다"라고 말씀하셨고 "누구든지 나를 따르려거든 자기를 부인하고 자기 십자가를 지고 나를 따르라"라고 경고하셨다. 이런 하나님께서 말씀 속에서 우리에게 나타나신다면 어떻게 우리가 예수님 그분이 아닌 내 안락함을 위한 신을 믿을 수 있겠는가?

살아계신 하나님께서 가장 천한 사회 계층 안에서 삶을 시작하셨고, 마침내는 더 낮아지셔서 사람들에게 조롱과 거부를 당하셨을 뿐 아니라 옛 제자들에게 버림까지 받으시면서 죽어가셨다. 이런 하나님께서 말씀 속에서 우리에게 나타나신다면 어떻게 우리가 예수님 그분이 아닌 나의 성공을 위한 신을 믿을 수 있겠는가?

살아계신 하나님께서는 빌라도에게 신문을 받으실 때, "내 나라는 이 세상에 속한 것이 아니다"라고 말씀하셨고 지구상의 모든 나라들의 통치자로서 경배를 받고 계신다. 이런 하나님께서 말씀 속에서 우리에게 나타나신다면 어떻게 우리가 예수님 그분이 아닌 내 나라만을 위한 신을 믿을 수 있겠는가?

우리는 이러한 예수 그리스도께 매료될 때도 있고 무관심할 때도 있다. 우리는 예수님으로 인해 편안해 할 때도 있고 불편해 할 때도 있다. 우리는 예수님을 따를 때도 있고 배반할 때도 있다. 하지만 우리가 인정해야 할 한 가지 분명한 사실이 있는데, 그것은 바로 하나님께서 예수 그리스도 안에서 당신을 계시하실 때, 우리는 우리가 상상해 온 어떤 신들, 우리가 스스로를 위해 만들었을지도 모를 어떤 신들은 이 하나님과 근본적으로 다르다는 사실이다. 그리고 그 차이를 가장 적절하게 표현한 성경의 언어는 바로 '거룩' holy 이다.

하나님은 누구신가?
우리의 눈을 예수 그리스도께 집중할 때,
우리는 확실하고 근본적인 주장
즉, "하나님은 거룩하시다"라는 주장을 하게 된다.
하나님은 모든 것을 살라버리시는 거룩한 불꽃이며,
창조물과는 전적으로 다르면서 창조물들을 향해
대속의 사랑을 불태우시는 불꽃이다.

6. 소멸하는 불

1662년 블라제 파스칼Blaise Pascal이 죽은지 며칠 후, 한 하인은 우연히 주인의 외투 안에서 주인이 쓴 글들을 담고 있는 양피지 상자를 발견했다. 그것은 바로, 파스칼이 자신의 삶을 변화시킨 만남을 신앙고백의 형식으로 써 놓고 8년 동안 간직해 온 것이었다.

은총의 해 1654년,
11월 23일 월요일 성 클레멘트의 축일,
교황과 순교자 그리고 순교자 반열의 사람들,
순교자 성 크리소고누스 그리고 다른 사람들,
저녁 약 열시 반부터
열두시 반쯤까지
불꽃

철학자들과 신학자들의 하나님이 아닌,
아브라함의 하나님, 이삭의 하나님, 야곱의 하나님.
확신, 확신, 느낌, 기쁨, 평화
예수 그리스도의 하나님

파스칼을 태워버린 그 불꽃은 철학자들과 신학자들의 추상적인 신과는 아무런 상관이 없었다. 그것은 아브라함과 이삭과 야곱이 노래한 불꽃이었으며, 예수 그리스도 안에서 밖으로 이글거리며 불타오르는 불꽃이었다.

하나님은 누구신가? 우리의 눈을 예수 그리스도께 집중할 때, 우리는 확실하고 근본적인 주장 즉, "하나님은 거룩하시다"라는 주장을 하게 된다. 하나님은 모든 것을 살라버리시는 거룩한 불꽃이며, 창조물과는 전적으로 다르면서 창조물들을 향해 대속의 사랑을 불태우시는 불꽃이다.

거룩한 하나님의 거룩한 자

보이지 아니하시는 하나님의 형상인 예수 그리스도께서는 새로운 종교를 창시하시거나 새로운 신을 계시하시지 않았다. 이스라엘 자손이셨던 그분께서는 아브라함을 부르셨고, 모세를 통해서 율법을 주셨고, 다윗을 통해 나라를 통치하셨고, 이사야, 예레미야 및 여러 예언자들을 통해 말씀하셨던 하나님, 다시 말해 우리가 구약성경 안에서 만나는 하나님을 예배하고 섬겼던 가정에서 탄생하셨다. 그리스도께서 계시한 하나님은 다름 아닌, 이사야가 성전에서 뵈었을 때, 스랍들이 "거룩하다 거룩하다 거룩하다 만군의 여호와여"(6:3)라고 창화唱和했던 하나님, 호세아를 통하여 "나는 신이요 인생이 아니라 너희 가운데 거하는 거룩한 자이니라"(11:9)라고 말씀하셨던 하나님, 바로 그 하나님이셨다.

바로 이 하나님께서는 수세기에 걸쳐 하셨던 약속들을 성취하시기 위해, 다시 말해 이 세상을 구원하시기 위해 당신의 마음을 계시하시고 예수 그리스도를 이 세상에 보내주셨다. 그렇기 때문에 누가의 말처럼 예수 그리스도께서 성령의 능력으로 태어나셨다는 것은 분명한 사실이다. 천사는 마리아에게 "나실 바 아기는 거룩하신 자이며, 하나님의 아들이라 일컬으리라"라고 전했다. 심지어 사탄의 세력들조차도 예수께서 당신의 사역을 시작하셨을 때, 이렇게 증거하였다. "나사렛 예수여, 나를 괴롭게 마옵소서. 우리가 당신과 무슨 상관이 있나이까? … 나는 당신이 누구인 줄 아나니, 하나님의 거룩한 자니이다." 시몬 베드로 역시 나머지 다른 제자들을 대신해서 "우리는 당신께서 하나님의 거룩하신 자인 줄 알고 믿습니다."[1]라고 고백했다.

예수님께서는 제자들에게 기도하는 법을 가르치실 때, 첫 번째 간구를 "하늘에 계신 우리 아버지여" "이름이 거룩히 여김을 받으시옵소서"라고 하였다. 우리의 가장 우선적인 관심사와 가장 깊은 열망은 거룩히 여김을 받아 마땅한 하나님의 신성한 이름이 거룩히 여김을 받도록 하는 것이 되어야 한다. 성경에서 "어떤 사람의 이름은 그 사람의 실체를 보여주는 신분증명서와 같은 것이다. 즉 이름은 그 사람에 대한 소문이나 추측이 아닌 그 사람의 진정한 정체성을 가리킨다."[2] 따라서 하나님의 이름이 거룩히 여김 받기를 기도하는 것은 하나님께서 하나님이 되시고, 계시 속에서 우리 가운데 거룩한 자로 나타나시기를 간구하는 것이다. 예수께서는 이것이 우리의 기도 목록에서 가장 우선되어야 할 것이라고 말씀하셨다.

예수 그리스도 안에 계시된 하나님께서는 거룩하시다. 이것은 무슨 의미일까? 거룩이란 과연 무엇을 의미하는 것일까?

위대한 이방인

'거룩'의 어원적인 의미는 "구별된 것", "일상적인 사용으로부터 구분해 놓은 것"[3]이라 할 수 있다. 폰 라트von Rad는 이렇게 말했다. "거룩한 자는 인간 세상에서는 위대한 이방인이라고 말할 수 있다. 다시 말해, 거룩한 자는 그 안에 있으면 마음이 편안해지지만 대항하면 신뢰보다는 먼저 두려움이 느껴지는 인간 세상과는 진정으로 조화되기가 어려운 '전적 타자'全的 他者, the whole otherness 이다."[4] 거룩한 자는 완전히 구별되는 그 무엇, "위대한 이방인"이다.

이스라엘 사람들의 삶과 신앙에서 거룩[5]이라는 용어는 의미 심장한 발전을 해왔다. 성경은 거룩이라는 용어와 관련하여 두 가지 유형의 사람들을 소개하고 있다. 이들의 성격은 중복되어 있기도 하지만 본질적으로 뚜렷한 차이점을 가진다. 이들은 바로 종교적인 사람들과 윤리적인 사람들이다.

성경은 거룩을 신학자들이 명명한 '제의'와 연결시키고 있는데, 제의라는 용어는 이스라엘의 종교의식 체계를 말한다. 거룩이라는 말은 창세기에는 나오지 않는다. 한편, 제의라는 말은 출애굽기에서 모세의 이야기와 함께 등장한다. 제의로서의 거룩은 행동이 아니라 상태를 의미한다. 예를 들어, 떨기나무 불꽃 주변의 땅, 예루살렘, 성전 터나 성전 그 자체, '지성소'[6]처럼 어떤 대상들이 거룩하게 여겨지는 상태를 말하는 것이다. 레위기에는 거룩한 제물, 가장 거룩한 속죄제, 거룩한 천, 거룩한 속죄소, 거룩한 성회, 땅의 거룩한 십일조 라는 말들이 나온다.[7]

그러나 제의에서의 거룩함은 물질적인 것에만 국한되지 않는다. 거룩이라는 말은 인격체들과도 관련을 맺으면서 하나의 중요한 발전을 가져왔다. 하나님의 속성으로서의 거룩은 그것이 신성과 완벽하게 결합되어서 결국 여호와의 거룩함이 피조된 모든 것들과 뚜렷한 대조를 나타내게 될 때까지 인격화의 과정을 겪는다.

초기에 거룩이라는 말은 구별된 것과 관련이 있었다. 거룩은 제의에 사용된 물건 즉, 하나님을 예배하기 위해 따로 떼어

둔 물건을 의미했다. 다음으로 거룩은 하나님의 이름과 인격에 적용되어 하나님께서 유일하시다는 것을 강조할 때 사용되었다. 이처럼 거룩은 윤리적 용어가 아닌 종교적인 용어로서, 일상적인 인간의 삶과는 이질적인 그 무엇, 즉 하나님에 의해서 따로 구별된 물건 혹은 인격적인 하나님의 존재를 의미했다.

윤리적인 순수성

성경에서 하나의 중요한 발견이 일어나게 되는데, 그것은 바로 거룩에 윤리적인 차원이 첨가된 것이다. 하나님께서는 어떤 물건뿐 아니라 사람도 구별해 놓으셨기 때문에 어떤 독특한 행동 기준에 따라 살아가는 사람들을 거룩한 사람들이라고 말했다. 이것은 새로운 개념이었다. 예를 들어 레위인들의 성결 규례는 "너희는 거룩하라. 나 여호와 너의 하나님이 거룩함이니라."(레 19:2) 라는 말씀을 근거로 하고 있었다.

거룩의 윤리적인 성경은 예언자를 통한 하나님의 계시 속에서 절정을 이룬다. 예언자들은 공허한 제의주의에 대해서 분노를 터뜨렸다. 그들은 압제를 그치고, 고아들을 돌보고, 과부들을 변호하면서, 정의롭게 살아가라고 하나님의 백성들에게 호소했다. 이와 같은 행동에 대한 강조는 거룩한 하나님의 도덕적 특성을 새롭게 이해시켜 주었다.

특별히 호세아는 거룩의 개념을 새로운 형태로 만들었다.[8]

호세아를 보면 하나님의 거룩성은 이스라엘의 불결함과 대조를 이루고 있다. 그들의 불결함은 결국 이스라엘의 '넘어짐'의 원인이 된다. 하지만 하나님의 거룩성은 이스라엘을 넘어짐으로 인도하는 요소만 있었던 것이 아니라 생명으로 인도하는 창조적인 요소도 있었다. 이스라엘의 전통 종교적 맥락에서 볼 때에는 매우 놀라운 일이지만, 호세아는 거룩과 사랑을 연결시킨다. 여호와의 거룩성은 창조적인 사랑으로서, 상처를 치료하고, 죽음을 생명으로 회복시킨다. 프록쉬는 호세아서에 대한 견해를 다음과 같이 요약했다. "거룩의 멸망케 하는 힘을 경시해서는 안된다. 다시 말해, 호세아서에 나오는 심판의 강한 위협은 과장이 아니다. 그럼에도 불구하고 여호와를 피조된 세상과는 전혀 다른 성격을 가진 전적 '타자'로 구별할 수 있는 것은 사랑의 무한한 창조력 때문이다."[9] "하나님과 인간 사이의 차이점은, 그 차이를 극복하도록 하는 바로 그 사랑 속에 있다."[10]

이사야는 호세아의 거룩함에 대한 신학과 비슷한 내용으로 이스라엘의 거룩하신 자의 형상을 더욱 발전시키고 있다. 바벨론 포로에 대한 예언은 다가오는 해방에 초점을 맞추고 있다. 거룩한 자는 구세주이다.[11] "구원과 거룩 사이를 연결한 끈이 여기 있다."[12] 여호와의 거룩한 '타자성'은 구원하는 능력 속에 정확하게 계시되어 있다.

뜨거운 연합

거룩에 대한 구약성경의 이해에 관한 연구는 두 가지 중요한 차원을 보여준다. 첫째, 거룩이라는 말이 종교적으로 사용될 때에는, 도덕적인 의미와는 상관없이, 이스라엘의 제의적 삶의 구조 안에 놓여 있었다. 이 말의 어원적 의미는 "전적 타자", 즉 완전히 분리되었다는 것이다. 이 말은 인격체뿐 아니라 사물들에게도 적용된다. 이 말은 성스러운 것들과 불경스러운 것들 사이의 완전한 구별을 의미했다.

그러나 거룩이라는 말은 이스라엘의 하나님과 관련되면서 더욱 인격화되었고, 그 결과 거룩성과 신성은 동일시되었다. 이스라엘의 하나님께서 당신을 더 충만히 계시해 가심에 따라, 거룩의 개념도 그에 상응하여 발전하게 되었다. 하나님께서는 구속자로서 인간들을 위해 행동하셨기 때문에 이러한 속성은 거룩의 주요한 특징이 되었다. 이와 같이 윤리적인 차원은 종교적 차원과 결합하게 되었다.

따라서 하나님의 거룩성에 대한 구약성경의 관점은 다음과 같이 요약될 수 있다. 하나님께서는 다른 어떤 인격체들과 사물들과도 뚜렷이 구별되시는데, 특별히 속량하시고, 사랑하신다는 사실에서 뚜렷이 구별되신다. 하나님의 거룩성은 대립을 극복한다. 또한 바로 이점 때문에 하나님께서는 확실히 인간과 대조를 이룬다. 거룩이라고 하는 소멸하는 불은 세상의 밤에 대항하여 타오르는 사랑의 모닥불이다.

거룩성의 종교적, 윤리적인 차원의 연합은 예수 그리스도 안에서 성취된다. 하나님께서는 예수 그리스도를 통해서, 분리되지 않게 하는 '은혜로운 위탁' gracious commitment 속에서 정확히 분리를 계시하신다. 하나님의 타자성은 예수를 통해 죄악에 대항하여 타오르는 큰 불이 되지만, 동시에 그 불은 어둠 속에 진리를 밝혀 주고, 쓸쓸한 냉기를 따뜻하게 데워주며, 인간의 마음속에 사랑의 불꽃을 일으켜 준다. 예수 그리스도 안에서 구원하시는 하나님의 은총은 하나님과 인간 사이에 분명한 경계를 그어준다. 이 은총은 세상의 죄악을 심판할 때처럼, 하나님께로부터 오며, 하나님의 능력에 의해 열려진 일방통행로를 따라 움직인다. 이 심판은 하나님과 인간 사이의 새로운 관계에 포괄적인 경계선을 긋는다. 그리고 불화하게 만드는 힘을 가진 죄악을 십자가에 못 박아 버리고, 텅 빈 무덤을 통해 새로운 삶을 향한 문을 열어 준다. 하나님의 거룩성은 분리시키고 연합시키며, 심판하고 구원한다.

그러나 하나님께서 하나로 연합시켜 놓은 것을 신학자들은 산산이 흩어버린다. 그들의 관심이 예수 그리스도를 떠나 추상적이고 사변적인 이론들을 향해 나아갔기 때문에, 거룩의 개념들은 한 번 더 종교적, 윤리적 양상들로 조각나게 되었다.

무한한 신비로서의 거룩

전적 타자로서의 하나님에 관한 저술을 살펴보려 한다면, 20세기 신학 작품들 가운데 가장 널리 읽혀진 책 중 하나인 루돌프 오토 Rudolf Otto 의 「거룩의 관념」 The Idea of the Holy 를 빼놓을 수 없다. 초월자의 임재시에 갖게 되는 종교적인 느낌의 보편적인 특징들을 설명하기 위해서, 오토는 거룩에 대한 체험적인 이해를 말한다. 말로는 표현할 수 없는 거룩의 성격을 설명하기 위해서, 오토는 라틴어 numen 이라는 말에서 온 '신령' the numinus 이라는 용어를 사용한다. 이것은 "피조물의 마음"이 "위압적이고 절대적인 어떤 힘 앞에서 나는 아무 것도 아니다"[13]라고 말하게 하는 대상이다.

신령함은 두 면을 가지고 있다. 한 면은 한 인격체 즉 "전적 타자"[14]에 대해 두려움과 경외심을 느끼게 하는 위압적인 장엄함과 위엄의 요소를 가진 무한한 신비이다. 다른 한 면은 매력적이고 황홀한 그 무엇, 즉 자력과 같은 호소력이다. 오토는 이것을 fascinans 라고 불렀다. "이러한 두 특징들 즉 위압적인 요소와 매혹적인 요소는 이제 기이한 대조의 조화 속에서 서로 결합하여"[15] 함께 거룩함의 특징을 이룬다.

루시모드 몽고메리 L.M. Montgomery 의 소설 「꿈꾸는 소녀 에밀리」 Emily of New Moon 에 나오는 다음 구절들은 신령함에 대한 오토의 느낌이 어떤 것인지를 잘 표현해 주고 있다.

에밀리는 그녀가 기억할 수 있는 시절로부터 줄곧, 멋지고 아름다운 세계에 매우 가까이 있었던 것 같은 감정을 느꼈다. 그 세계와 그녀 사이에는 단지 하나의 얇은 커튼이 드리워져 있는 것만 같았다. 그녀는 그 커튼을 결코 옆으로 밀어낼 수가 없었지만, 이따금씩 아주 짧은 순간 바람이 커튼을 날릴 때마다 마치 저 너머에 있는 신비한 세계를 흘끗 엿보고 이 세상에서 들을 수 없는 음악 소리를 듣는 것만 같았다.

그것은 아주 드문 순간이었지만, 그 순간은 그녀를 말할 수 없는 기쁨으로 숨막히게 한 후, 재빨리 사라져 버렸다. 그녀는 그 순간을 다시 생각할 수도, 다시 불러낼 수도 없었지만, 그것에 대한 경이로움은 오랫동안 남아 있었다. 똑같은 일이 두 번 반복되지는 않았다. 오늘 밤은 저 멀리 하늘을 마주 보고 있는 나뭇가지들이 그것을 전해주었다. 그것은 밤의 높고 거친 바람 소리와 함께, 무르익은 들판의 희미한 그림자와 함께, 폭풍을 헤치고 그녀의 창가에 내려앉은 회색빛 새와 함께, 교회에서 "거룩! 거룩! 거룩!"하고 부르는 노래와 함께, 어두운 가을 밤 집으로 돌아왔을 때 부엌에서 타오르는 불과 함께, 황혼 빛에 물든 차가운 종려나뭇잎의 우울함과 함께, 그녀가 무엇인가 쓰고 있을 때 떠오르는 새롭고 멋진 단어와 함께 다가왔다. 그리고 그러한 섬광들이 번뜩이며 다가올 때마다, 에밀리는 삶이란 영원한 아름다움을 간직한 멋지고 신비한 것이라고 느꼈다.[16]

오토는 윤리적인 성질과는 구분되는 거룩의 종교적인 성질을 재발견했으며, 대부분의 사람들이 삶에서 한 때 경험하는 신비 앞에서의 경외감을 표현했다. 그러나 기독교 신앙안에서의 거룩은 독자적인 범주를 가지지 않는다. 기독교 신앙안에는 나사렛의 거룩한 자 안에서 계시된 이스라엘의 거룩한 자만이 있을 뿐이다. 사실, 성경적 신앙 안에는 항상 "전적 타자" 차원의 거룩이 있다. 그 안에서 분리는 중요한 내용으로 '채워져' 있다. 하지만 하나님의 '타자성'은 정확히 말해 속량하는 사랑이다. 유대인 신학자인 아브라함 헤셀Abraham Heschel은 오토가 빠뜨린 바로 그것을 이야기하고 있다. "예언자의 하나님께서는 전적 타자도, 낯설고 무시무시한 초자연적인 존재도, 깊이를 잴 수 없는 어두움 속에 묻혀 있는 자도 아니시다. 그분께서는 언약의 하나님으로서, 예언자들은 그분의 뜻을 알고, 또 그것을 전하기 위해 부름을 받았다. 그들이 선포하는 하나님은 멀리 떨어져 있는 분이 아니라, 가까이에서 기도를 들으시고 염려해 주시는 분이다."[17]

거룩의 순결성

어떤 신학자들은 거룩의 윤리적인 성격을 강조해 왔다. 폴 틸리히 Paul Tillich는 거룩과 도덕적인 순결이 결합된 것을 칼빈과 그의 후계자들의 영향으로 보았다. "후기 칼빈주의는 불결함에 대해 거의 신경과민적인 염려를 했다. '청교도'라는 말은 이러한 경향을 가장 잘 암시하고 있다. 거룩함은 순결함이다. 순결함은 거룩함이 된다. 이것은 거룩이 결국에는 영적인 성격임을 의미한다. 이로써 무한한 황홀감tremendum fascinosum은 자제심과 극기를 자랑하게 된다."[18]

하인리히 헤페Heinrich Heppe의 개혁 교리를 보면 몇몇 칼빈주의자들이 틸리히가 말한 방향으로 나아갔음을 알게 된다.[19] 일반적인 교리학 저서들을 살펴보면, 도덕적 범주 안에서의 거룩이라는 표현은 신학 노선을 초월하여 광범위하게 받아들여지고 있는 개념임을 알 수 있다.[20] 어떤 경우라도 거룩은 윤리적인 순결 개념과 연결되어 있다. 그래서 클라케는 다음과 같이 말했다. "거룩의 교리는 절대적이고 완벽한 도덕성의 교리이다."[21]

분명, 거룩에 대한 이러한 이해는 성경의 한 부분과는 일치한다. 제사장 문서와 예언자 문서를 보아도 도덕적 순결은 거룩과 관련되어 있다.

그러나 이상에서 내가 보여준 강조점, 즉 도덕적 개념으로서의 거룩은, 결코 종교적 차원을 희생해서 얻어진 것이 아니다. 전적 타자의 양상은 예언자적 신학에서 조차도 결코 사라지지 않는다. 이사야는 두려운 위엄 앞에서 자신의 불결함 때문에 압도당하고 말았다. 이사야는 이것을 왕실에서 사용하는 상징적인 언어들("높이 들린 보좌에 앉으셨는데 ⋯ 그 옷자락은 성전에 가득하였고"), 천사들("스랍들은 모셔 섰는데"), 큰 재난의 위협("문지방의 터가

요동하며") 등으로 표현했다. "화로다 나여!" 라는 불완전한 인격에 대한 인정은 전적 타자[22]의 현존 앞에 서 있는 존재만이 할 수 있는 말이다.

그리스도 안에서의 연합

거룩을 순전히 종교적인 개념으로만 생각하거나, 순전히 윤리적인 개념으로만 생각하는 태도는 우리로 하여금 하나님의 정의가 예수 그리스도 안에서 완전하고 구체적으로 나타난 하나님의 계시로부터 멀어지게 한다.

오토의 무한한 신비는 전적 타자의 현존 안에서 일어난 종교적 체험을 통해서 발견되었다. 그에게 거룩이란 인간 역사 속에서 분명히 명시된 것과는 구분되는 범주의 것이었다. 그에게 예수 그리스도는 앞서 결정한 거룩의 범주의 빈자리를 채우고 구체적인 예를 들어 줄 수 있기 때문에 의미가 있다. 그러나 만약 예수 그리스도께서 성육신 한 말씀이고 인간을 향한 하나님의 충만하고 최종적인 자기계시라면, 하나님에 대한 모든 표현들은 인간의 경험보다는 차라리 예수 그리스도로부터 시작되어야 할 것이다.

이와 마찬가지로 거룩의 윤리적인 차원만을 일방적으로 강조하는 것에도 문제가 있다. 왜냐하면 그것 역시 그리스도 안에 나타난 계시로부터 떠나 추상적인 사변을 향해 나아갈 수 있기 때문이다. 만약 우리가 하나님을 정의할 때, "순결", "흠 없는 순수", "도덕적 완성" 또는 인간적 가치관에서 비롯된 다른 용어들을 사용한다면, 하나님께서는 우리의 제한된 이해로 인해 평가 절하되어 버리실 것이다. 아니 우리는 이러한 용어들을 무분별하게 사용함으로써 우리 생각에 옳은 도덕적인 신을 만들어 내고 그것을 하늘로 올려 보내려 할 것이다.

하나님께서는 예수 그리스도 안에서 당신을 충분히 계시하시기 때문에 우리는 거룩을 이해하기 위해서 다른 곳을 바라보아서는 안 된다. 우리는 예수 그리스도 안에서 종교적 언어인 전적 타자와 윤리적 언어인 자비가 하나로 통합되는 것을 본다. 인성과 신성을 동시에 가지신 그분 안에서, 하나님과 인간 사이의 구별은 없어지는 것이 아니라, 오히려 역설적으로 하나님과 인간 사이의 분열이 극복되면서 동시에 정확히 구별된다.

예수 그리스도 안에 계시된 하나님께서 인간의 육체라는 초라한 옷을 입으시고 기꺼이 우리의 약함과 고난을 짊어지시고 우리의 이기적인 반역에 대해 전적인 책임을 지시고 마침내 사망의 권세를 무너뜨렸기 때문에 즉, 하나님께서 우리를 위해 친히 이 모든 일을 행하셨기 때문에 우리는 하늘로부터 땅으로 내려온 이 일방적인 움직임을 한마디로 은총이라고 표현하지 않을 수 없다. 하나님에 대해 우리가 알고 있는 모든 것, 하나님 앞에서 우리가 누리고 있는 모든 것 즉 용서, 기도를 통한 교제, 예배에 대한 약속, 영생 등은 하나님께서 우리에게 주신 것이다.

은총은 약자와 관계를 맺고 있는 강자가 약자에게 손을 뻗쳐 무엇인가를 주는 것을 의미한다. 하나님께서는 하나님으로서 남아 있고 우리는 하나님이 아닌 채로 남아 있다. 은총은 그 경계선을 제자리에 확고히 둔다. 하지만 은총이 그 경계선을 제자리에 두고 있기 때문에 그 구별이 분명하지 않게 된다. 하나님께서는 사랑하는 자를 찾아 친구로 삼으시는 사랑 그 자체이시다

C.S 루이스는 「사자와 마녀와 옷장」에서 어린이들이 처음으로 아슬란에 대한 이야기를 들었을 때를 다음과 같이 묘사한다.

"그, 그는 사람이죠?" 하고 루시가 물었다.

"아슬란이 사람이라! 그건 분명히 아니야. 그는 숲속의 왕이며 저 바다 너머의 위대한 왕의 아들이라고 말했잖니. 그는 동물의 왕이야. 아슬란은 사자야. 사자, 위대한 사자란 말이야"라고 비버 씨가 엄하게 말했다.

"우! 나는 그가 사람이라고 생각했어요. 그는 위험하지 않나요? 난 사자를 만나면 좀 섬뜩할 것 같아요"라고 수잔이 말했다.

"얘야, 아마 넌 분명히 그럴거야. 그리고 아슬란 앞에 무릎을 덜덜 떨지 않고 나타날 수 있는 사람이 있다면 아마 그 사람은 가장 용감한 사람이거나 아니면 바보일거야"라고 비버 부인이 말했다.

"그러면 그는 위험한가요?"라고 루시가 물었다.

"위험? 넌 비버 여사가 말하는 것을 듣지 못했니? 누가 위험

에 대해서 이야기하든? 물론 그는 위험하단다. 그렇지만 그는 선하단다. 그는 왕이란 말이야"라고 비버씨가 말했다.

아슬란과 마찬가지로 하나님께서도 분명 안전하시지는 않다. 전적 타자 앞에서 무릎을 뻣뻣이 하고 나타나는 것은 분명 무모한 일일 것이다. 하나님께서 나타나시면 인간의 무관심은 관심으로 바뀌고, 인간의 허식은 뒤통수를 한 대 얻어맞게 된다. 다른 신들 앞에서 인간은 아무런 위험을 느끼지 않고 자신있게 나타날 수 있다. 다른 신들은 고정될 수밖에 없다. 통제를 유지하려고 애쓰는 인간 자아의 본성 때문에 다른 신들은 그들에게 할당된 일정한 장소를 벗어나 딴 길로 나가지 못한다. 그러나 예수 그리스도 안에 계시된 하나님께서는 거룩하시며, 제한 받지도 길들이지도 않으신다.

하나님께서는 안전하시지 않다. 그러나 하나님께서는 선하시다. 매우 선하시다. 그 위험한 타자께서는 초월적이시면서 동시에 분열을 싫어하신다. 그분께서는 자신을 안전하게 하려는 우리의 자만심에 대한 위협이시다. 하지만 그 위협은 우리의 유일한 안전함이 된다.

"우리 하나님께서는 소멸하는 불이시다"(히 12:29). 우리는 어려서 불장난을 하지 말라는 말을 듣고 자랐고 어른이 되어서는 불을 조심스럽게 다룬다. 우리는 그래야만 한다. 불은 그 당당한 신분을 존중받아야 한다. 불은 만질 수 없다. 우리는 조심스럽게 그것에게 다가가야 한다. 불은 선을 위해서든 악을 위해서든 그 왕권을 휘두를 것이다. 하나의 불꽃만 튀어도 온 숲을 다 태워버릴 수도 있고, 한 권의 가족 앨범처럼 집 한 채를 추억으로 만들어 버릴 수도 있다. 하지만 동시에 하나의 불꽃만 가지고도 사랑의 마음을 전할 수도 있고, 촛불에 관을 씌울 수도 있고 추위를 막아주는 난로 불이 춤을 추게 할 수도 있다. 불은 분명히 위험하지만, 우리는 불 없이 살 수 없다. 불은 파괴시키지만 생명을 유지시킨다.

 거룩한 불꽃은 무시당하는 것을 용납하지 않는다. 그 경계선은 결코 침범될 수 없다. 그러나 불은 우리의 얼어붙은 가슴을 녹여주고 우리를 하나님과 다른 이웃과의 관계 속으로 이끌어 주며 우리를 깨끗하게 정화시켜 준다.

7. 새로운 공동체로의 전환

정결케 하는 거룩한 불은 우리가 하나님의 사랑을 받는 죄인들이라는 중요한 사실을 말해 준다. 우리는 하나님의 은혜 안에서 우리 자신의 참모습을 발견하게 된다. 우리는 이같은 하나님의 은혜가 필요한 자들이고 아울러 하나님의 구원과 용서와 관계 회복의 사랑이 필요한 자들이다.

「기독교 강요」 1장에서 칼빈은 "하나님을 알지 못하고는 자신을 알지 못한다. … 인간은 분명히 먼저 하나님을 바라보고 난 후 자신을 세밀히 검토하지 않는 한, 결단코 자기 자신을 이해하지 못한다."라고 기록했다. 그는 이어서 다음과 같이 말했다.

만약 우리가 대낮에 땅바닥을 내려다보거나, 주위에 있는 사물들을 관찰한다면, 우리는 아마도 우리의 시력이 꽤나 괜찮다고 생각할 것이다. 하지만 만약 우리가 눈을 들어 태양을 똑바로 쳐

다보게 된다면, 우리의 시력은 그 광채로 인해 눈이 부셔 완전히 마비될 것이다. 다시 말해 우리의 시력은 지구상의 사물을 볼 때에는 그렇게 예리하다가도 태양을 볼 때에는 완전히 흐려진다. 우리는 이 점을 분명히 인정할 수밖에 없다.

이러한 사실은 영적 은사를 생각할 때에도 마찬가지이다. … 과거에는 의의 가면을 쓰고 우리를 즐겁게 하던 것은 순전한 악으로 추악하게 드러날 것이고, 한때 지혜라는 이름으로 우리에게 큰 영향을 미쳤던 것은 그 자체의 어리석음으로 인해 비판을 받게 될 것이다.

과거에는 능력을 뽐내던 것이 가장 비참하고 무기력한 것으로 나타나게 될 것이다. 이처럼 우리가 하나님의 순결을 대할 때, 과거에 선하고 완전하게 보였던 것들이 얼마나 사악한 것들이었는지 알게 될 것이다.[1]

빗나가 버린 세상

칼빈의 언어가 우리에게는 낯설지도 모른다. 죄라는 말은 우리에게 생소하게 들리며 "온전한 악"과 같은 표현은 이상한 외국어처럼 들릴지도 모른다. 몇 년 전 월스트리트 저널은 뉴욕타임즈에 한 사설을 기고했는데, 이것은 원래 월스트리스 저널에 실려 많은 논란을 일으켰던 사설을 재편집한 것이었다. 그것은 클레런스 토마스 재판, 윌리엄 케네디 스미스 사건, 고등학교에서의 섹스, 중독된 문화 등, 여러 가지 도덕적 혼란들을 상세히 설명해 놓았다.

혁명의 시대(문화적, 성적)에 대부분의 교회를 포함한 많은 사람들은 죄에 대해 이야기하거나 염려하는 데 많은 시간을 보내지는 않는다. 이전까지는 적어도 죄라는 말이 인간의 행동 지침을 제시해 주기는 했었다. 그러나 그 행동지침이 해체되어 가면서 우리는 죄책감을 상실하게 되었을 뿐 아니라 인간으로서의 책임감까지 상실하게 되었다 … 모든 사람들은 제각각으로 살아가게 되었다. 인생을 망쳐버린 수많은 사람들은 목사들이나 신부들이 자발적으로 정신과 의사나 상담자에게 떠맡겨 버렸던 일 즉, 사람들을 올바른 길로 인도해 줄 참된 인생의 지침서를 제공해 주는 일이 정말로 그들에게 필요했음을 인식한다. 오늘날 부모들은 자녀들을 꾸짖는 대신 콘돔을 쥐어준다. 또한 상담을 해주는 목사들도 아이들은 어차피 부모가 무슨 말을 하고 있는지를 이해하지 못하기 때문에 아이를 꾸짖는 것은 아무런 효과가 없다고 말한다. 어쩌면 그들의 말이 맞을지도 모른다.[2)]

죄에 관해 강조하는 것이 바람직한 현상은 아닐지 모른다. 하지만 적어도 우리는 무엇인가가 잘못되어가고 있다는 것은 인식하고 있다. "그랜드 캐넌"Grand Canyon이라는 영화에서 한 변호사는 교통체증을 피해 지름길로 돌아가고 있다. 그가 선택한 지름길은 시내의 어둡고 을씨년스러운 골목길이다. 그의 악몽은 바로 여기서 시작된다. 그의 고급 자동차가 권총을 소지한 깡패들이 장악한 어느 골목길에서 고장을 일으킨 것이다. 다행히 그는 아무런 사고없이 견인차를 부른다. 하지만 견인차가 도착하기 전, 다섯 명의 깡패들이 그에게 다가와 그를 에워싸면서 위협한다. 얼마 후, 견인차는 도착하고 견인차 기사는 고장난 차를 견인해 가려고 준비한다. 그런데 이 깡패들은 견인차 기사에게까지 시비를 걸면서 상황을 험악하게 만든다. 바로 그때, 견인차 기사는 깡패들의 두목을 불러 이렇게 말한다. "이봐, 세상은 이렇게 돌아가는게 아니야. 당신은 그걸 잘 모르는 것 같은데, 세상에 이런 법은 없어. 나는 당신들의 동의를 구하지 않고도 내 일을 할 수 있어야 하는 거야. 그리고 저 사람은 당신들에게 돈을 빼앗기지 않고 내가 오기를 기다릴 수 있어야 하는 것이고, 세상의 모든 일은 지금 여기서 벌어지고 있는 일과는 다르게 돌아가야 되는 거야."[3]

그 견인차 기사의 말대로 세상은 그렇게 돌아가는 것이 아니다. 그런데 지금 세상은 어떻게 돌아가고 있는가? 지금 세상에는 어떤 일이 일어나고 있는가? 하나님의 형상으로 창조되었고, 사랑을 위해 창조된 인간은 하나님께서 정해주신 방향에서 벗어나 타락해 버렸다. 앞 장에서 내가 주장했던 바와 같이 하나님의 거룩함은 분리된 것들을 이어주고 친교하기를 원하는 사랑의 속성을 분명히 가지고 있다.

그러나 인간의 죄는 심각한 자아도취 상태에 빠져있다. 그것은 미움의 상태보다 더 나쁜 것이다.

도날드 베일리는 "하나님의 자녀들을 불러 큰 원을 만들고 게임을 하시는 하나님 이야기"를 통해 무엇이 잘못되었는지 인상 깊게 묘사하고 있다.

그 원 속에서 우리는 모두 손을 잡고 중앙에 있는 빛, 바로 하나님(해와 달과 다른 별들을 움직이시는 사랑이신)을 향해 서 있어야 한다. 중앙에 있는 빛은 우리의 얼굴을 비추어 그것을 아름답게 한다. 우리는 원 안에 서 있는 우리들의 이웃들, 함께 창조된 피조물들을 바라보며 하나님의 원대한 게임에 임해야 한다. 우리는 우주적인 사랑의 리듬에 맞추어 함께 춤을 추어야 한다. 그런데 우리 개개인은 하나님과 이웃들에게 등을 돌려 반대 방향을 바라보고 있다. 그래서 우리는 중앙에 있는 빛도 주변의 얼굴들도 바라볼 수가 없다. 그리고 이러한 자세로는 우리의 이웃들과 손을 잡을 수도 없다. 우리는 하나님의 게임을 즐기는 대신 우리 자신의 이기적인 게임을 즐기고 있는 것이다 … 우리 모두는 자기 자신이 중앙에 놓이기를 원한다. 그것은 우리에게 혼란만을 일으킨다. 그것은 우리로 하여금 하나님과 이웃에게 참된 이해를 해 주지 못하게 한다. 이것이 바로 잘못된 것이다.[4]

죽음의 춤

이러한 현상을 한 단계 더 발전시켜 보자. 중앙에 있는 빛은 생명의 샘이 되시는 창조주시다. 그러므로 이 빛으로부터 돌아선다는 것은 그 반대를 향해 선다는 것인데, 이는 곧 죽음을 의미한다. 우리는 "사망의 음침한 골짜기"를 경험한다. 그것은 우리를 절망으로 내 몰고 두려움으로 치닫게 한다. 우리는 중환자실에서 고무관을 통해 최후의 숨을 헐떡이고 있을 때 뿐 아니라 어머니의 태에서 갓 나와 첫 공기를 들이쉴 때에도 이 골짜기 속을 걸어간다. 가끔씩 우리는 인생 여정 속에서 새로운 질서를 약속하는 한 줄기 빛을 발견하기도 한다. 하지만 이것들조차 대부분 우리 삶 구석구석까지 차가운 손을 뻗으며 추위에 떨면서 괴로워하는 우리에게 아직 갈 길이 멀었다고 위협한다. 이것들조차 우리가 우리 품속에서 마지막 숨을 몰아쉬고 있는 자녀들을 지켜볼 때, 또는 관 속에서 굳은 채로 누워 있는 사랑하는 사람들을 바라볼 때, 우리에게 공포심을 자아내게 하고 우리를 혹독한 어두움 속으로 몰고 간다.

「삶」 The Living 이라는 소설에서, 애니 딜라드는 이와 같은 장면을 묘사하고 있다.

휴는 쌀쌀맞은 룰루 그리고 유순한 버트와 함께 무덤 앞에 서 있었다. 누크섹 부부는 목사와 함께 서 있었다. 장례식 전, 그들은 그의 아버지의 죽음을 애통해하며 땅을 치고 통곡했다.…

마침내 얼굴이 큰 노발 토오스가 성경 말씀을 읽었다. 그리고는 연이어 기도를 했다. 토오스는 "사망아, 너의 쏘는 것이 어디 있느냐?"라고 부르짖었다. 그때 토오스의 작은 눈동자는 휴의 눈동자와 마주쳤다.

그러자 휴는 이렇게 생각했다. "거의 모든 곳에 있어요."[5]

사도 바울의 부르짖음은 우리 모두에게도 적용될 수 있을 것이다. "오호라 나는 곤고한 자로다! 누가 이 사망의 몸에서 나를 건져내랴?" 그렇다. "누가 사망의 그늘에 있는 나를 구원하여 빛으로 향하게 할 수 있겠는가?", "누가 우리 모두를 돌아서게 해 다시 한 번 서로의 손을 맞잡고 새로운 춤, 생명의 춤을 추게 할 수 있겠는가?"

정결케 하는 불

사도 바울은 어렵게 다음과 같은 해답을 얻었다. "우리 주 예수 그리스도로 말미암아 하나님께 감사하리로다!" 그는 예수 그리스도 안에서 하나님의 구원의 역사가 가능하게 되었다는 사실에 감사했다. 하찮은 신들은 결코 이러한 일을 성취해 낼 수 없다. 이와 같이 큰일을 이루기 위해서는 개인의 영혼에서부터 원대한 우주에 이르기까지 온 만물을 화해시킬 수 있는 거룩한 힘이 필요하다.

당신 자신을 죽음으로 내몰기까지 인간을 사랑하시는 하나님만이 우리를 구원하실 수 있었다. 우리 인간과는 달리 자아중심적인 삶에서 벗어나 계신 하나님만이 만물의 죽음과 운명을 바꾸실 수 있었다. 분리되지 않고자 하는 열정을 지니신 하나님만이 죄를 사하고 죽음을 이기게 하는 극단적인 행동을 취하실 수 있었다.

거룩한 불은 거룩하지 않은 것들을 태워서 정결케 한다. 분리되지 않겠다는 하나님의 약속은 그러한 분리를 조장하는 모든 것들을 심판한다.

심판, 특별히 하나님의 심판은 오늘날 결코 인기 있는 개념이 아니다. 우리는 오히려 지난 날의 잘못들은 강물에 흘려보내 주고 예전의 실수는 그저 눈감아 주는 신, 우리의 자존심을 살려 주기 위해 우리의 등을 다정하게 두드려 주는 신을 상상하기를 더 좋아한다. 물론 성경은 "하나님은 사랑이시다"라고 말하고 있다. 그러나 심판이 없는 사랑은 맥 빠진 친절에 지나지 않는다.

거룩하신 하나님은 "맥 빠진 친절을 베푸시는" 분이 아니시다. 사랑은 단순한 친절 이상의 것으로 엄격하면서도 아름다운 것이다. C.S. 루이스는 친절을 다음과 같이 말하고 있다.

친절은 … 그 대상이 고통에서 벗어나도록 하지만 그 사람이 악하게 되든 선하게 되든 상관하지 않는다. 성경 말씀이 지적하고 있듯이 버릇없이 크도록 던져진 자들은 사생아들이다. 가문의 전통을 이어갈 적자는 징계를 받는다. 우리는 우리와 아무런 상관도 없는 사람들에게는 어떤 상황에서도 행복하기만 하라고 말한다. 하지만 우리의 친구들, 우리의 자녀들, 우리의 사랑하는 사람들에게는 다르다. 우리는 그들을 엄격하게 대한다. 우리는 그들이 비천하고 불화한 상태에서 행복해 하는 것보다 괴로워하는 것을 낫게 여긴다. 만일 하나님께서 사랑이시라면 그분께서는 단순한 친절 이상의 존재이시다. 그리고 모든 기록을 살펴볼 때에도, 비록 하나님께서는 종종 우리를 질책하시고 비난하시지만 결코 우리를 경멸하시지는 않으셨다. 하나님께서는 가장 깊고, 가장 비극적이고, 가장 냉혹한 의미에서 우리에게 사랑의 찬사를 아낌없이 보내 주셨다.[6]

도스토예프스키의 소설 「카라마조프의 형제들」에 등장하는 조심마 신부는 "현실 속에서 나타나는 사랑은 꿈속에서 나타나는 사랑보다 훨씬 더 엄격하고 두려운 것이다."라고 말했다. 현실 속에서의 사랑은 사랑하는 사람을 위해 최선의 선택을 한다. 이는 사탕을 더 달라는 아이의 집요한 요구를 거절하는 어머니의 모습, 또는 파괴적인 행동에 대해 책임을 지라고 주장하는 사회사업가의 모습, 또는 학대하는 남편의 인격이 변화되기를 원하는 아내의 모습, 창조 세계를 파괴하고 있는 죄악을 저주하시는 하나님의 모습에서 찾아볼 수 있다.

하나님께서는 당신의 거룩함으로부터 흘러나오는 인간애는 받아들이시지만, 인간을 파괴하는 자아중심적인 사랑은 결코 용납하지 않으신다. 다시 말해, 하나님의 은혜는 심판을 포함한다. 이와 같은 "용납과 비용납" 즉, 하나님의 은혜와 심판은 예수 그리스도로 인해 성취되었다. "하나님의 모든 충만하심 가운데 거하시기를 기뻐하신" 그분께서는 다름아닌 "그의 십자가의 피로 화평을 이루사 만물 곧 땅에 있는 것들이나 하늘에 있는 것들이 그로 말미암아 자기와 화목케 되기를 기뻐하신"(골 1:19-20) 그분이시다.

그렇다면 어떻게 "십자가의 피"가 화평을 이루었는가? 혐오스러운 죄를 범한 피고자가 재판을 받고 있는 법정을 상상해 보자. 그런데 여기에서 상상할 수 없을 만큼 놀라운 일이 일어난다. 법을 수호하고 정의를 실현하기 위해 위임을 받은 재판관이 피고인에게 사형을 언도해야 하는 순간, 자신이 피고인을 대신하여 죄에 대한 책임을 지고 대신 사형을 받겠다고 선언한 것이다. 피고자의 범죄 행위 자체는 묵과될 수 없기에, 재판관이 죽음의 희생 제물이 되어 대신 속죄를 하겠다는 것이다.

성경은 이와 같은 상상하기 힘든 일이 예수 그리스도를 통해 일어났다고 말하고 있다. 하나님의 충만함 가운데 거하기를 기뻐하셨던 그 예수 그리스도께서 그 많은 죄악을 떠안고 십자가에서 죽으셨던 것이다. 빛으로부터 돌아선 인간이 저지른 죄의 결과를 하나님의 아들이 몸소 대신 감당하셨던 것이다. 마땅히 우리가 경험해야 할 어두움, 우리가 당해야 할 죽음을 그분께서 대신 담당하시고는 "나의 하나님 나의 하나님 어찌하여 나를 버리시나이까?"라고 외치시면서 마지막 숨을 거두신 것이다.

20년 전, 찰스 콜슨Charles Colson은 두 명의 크리스천이 책임자로 있는 어느 교도소를 방문한 후, 다음과 같은 글을 남겼다.

> 그들은 그곳을 휴메이타라고 불렀다. 그들은 그 교도소를 기독교적인 원리에 따라 운영하기를 원했다. 교도소에 전임 직원은 두 명 뿐이었기 때문에 재소자들이 많은 일을 수행했다. 모든 재소자들은 한 명씩 짝을 이루어 서로를 책임져야 했다. 아울러 모든 재소자들은 자원 봉사 가정과 결연을 맺어 수감 기간 뿐 아니라 출소한 이후에도 그들의 도움을 받게 되어 있었다. 그 뿐 아니라 이들은 예배에 참석해야 했고 인격 교화 프로그램에도 참여해야 했다.
>
> 내가 그곳을 방문했을 때, 재소자들은 미소를 지으면서 나를 맞이했는데, 특히 열쇠 뭉치를 들고 내게 문을 열어 주었던 살인자가 가장 인상에 남았다. 가는 곳마다 나는 평온함을 누리는 사람들을 만날 수 있었다. 그들은 대부분 열심히 일했고 주변을 깨끗이 정리했다. 벽면은 시편과 잠언의 구절들로 장식되어 있었다. 휴메이타 교도소는 아주 놀라운 기록을 가지고 있었다. 브라질과 미국의 재범 비율이 75%인데 비해 휴메이타 출신들의 재범

비율은 45%에 불과했다. 어떻게 이런 일이 가능할 수 있었는가?

나를 안내하던 사람이 과거에 고문실로 사용되었던 작은 방을 보여 주었을 때 나는 그 이유를 알게 되었다. 안내자는 긴 콘크리트 복도 끝에 위치한 이방 앞으로 나를 안내했다. 그는 지금 이 곳에는 한 명의 죄수가 수용되어 있다고 말해 주었다. 그리고는 잠시 머뭇거리는 자세로 자물쇠를 열려고 하면서 이렇게 물었다. "정말 들어가 보고 싶으신가요?"

나는 약간 예민한 목소리로 이렇게 대답했다. "물론입니다. 저는 세계 곳곳에서 이와 같은 형벌방을 많이 들어가 보았습니다." 그는 육중한 옥문을 천천히 열었고 나는 그 방에 갇혀 있는 죄수를 보았다. 그 죄수는 바로 휴메이타의 재소자들이 아름답게 조각한 십자가에 달려 있는 예수 그리스도였다.

안내자는 "저 분이 우리를 대신해서 지금 형을 살고 있습니다."라고 조용히 말했다.7)

재판관은 피고를 대신하여 형벌을 받았다. 바로 거룩하신 하나님께서 우리를 죽음의 교도소로부터 자유롭게 하시기 위해 대신 형벌을 받으셨다. 거룩한 불은 수동적인 존재가 아니라 구원을 위해 능동적으로 일하는 분이다. 유일하신 하나님께서는 순종치 아니하는 죄와 이기적인 죄에 맞서 끝까지 싸우시고 그것들을 격파하셨다. 동시에 그분께서는 넘치는 자비로 심판의 불길을 가라 앉히셨다. 이것이 바로 모든 것들과 구별되시는 하나님의 절대적인 특성이다. 분리와 결합이 동시에 일어나는 곳에서 그분의 특성은 가장 명백히 드러난다.

방향 전환

　신약성경의 핵심적인 증언은 바로 이것이다. 우리의 죄로 인해 십자가에서 죽임을 당하신 예수님께서는 무덤에서 살아나셨다. 하나님의 생명이 사망을 이긴 것이다. 바울은 고린도에 있는 교인들에게 편지하면서 그것을 이렇게 설명했다. "그리스도께서 죽은 자 가운데서 다시 살아나셔서 잠자는 자들의 첫 열매가 되셨도다. 사망이 사람으로 말미암았으니 죽은 자의 부활도 사람으로 말미암도다. 아담 안에서 모든 사람이 죽은 것같이 그리스도 안에서 모든 사람이 삶을 얻으리라"(고전 15:20-22). 이후 그는 고린도에 있는 교인들에게 또 다른 편지를 보내면서 이 역사적 결과를 다시 한 번 더 요약해 주었다. "그런즉 누구든지 그리스도 안에 있으면 새로운 피조물이라. 이전 것은 지나갔으니 보라 새 것이 되었도다. 모든 것이 하나님께로 났나니 저가 그리스도로 말미암아 우리를 자기와 화목하게 하셨느니라"(고후 5:17-18).

　이 모든 것은 하나님께로부터 나왔다. 창조의 회복은 시작부터 끝까지 하나님의 역사였다. 하나님께서는 방향전환만 시작하셨고 그 다음은 우리에게 맡겨 놓으신 것이 아니다. 다시 말해, 창조의 회복은 하나님께서 시작하신 것을 이어 받은 우리가 훌륭한 목적과 영적 각오를 가지고 우리의 발걸음을 죄에서 빛으로 옮김으로써 완성되는 것이 아니다. 우리의 방향 전환은 아들을 보내신 아버지와, 아버지의 보냄을 받은 아들과, 우리 안에 변화의 빛으로 내재해 계시는 성령 즉, 삼위일체의 하나님께서 우리가 빛의 근원으로 향하고자 하는 열망으로 가득할 때까지 우리의 차가운 반항심을 녹여 마음을 따뜻하게 해 주시기 때문에 일어나는 일이다. 하나님의 영, 그 거룩한 영께서는 우리를 "영광에서 영광으로"(고후3:18) 이르게 함으로써 거룩한 사역을 완성하신다. 데이비드 하버드는 그것을 이렇게 표현하였다. "은혜의 위대한 섭리 속에서 성부와 성자와 성령께서는 함께 우리의 삶을 전환시키려고 계획하셨다."[8]

은혜는 하나님께서 우리를 위해, 우리 안에서, 우리가 스스로 할 수 없는 일들을 하신다는 것을 의미한다. 구원은 은혜의 선물이다. 로버트 케이픈Robert Capon은 다음과 같이 묻는다.

이제 당신은 구원받기 위해 무엇을 해야 하는지를 알겠는가? 드디어 당신은 새 생명을 얻기 위해서 정확히 어느 정도로 협조해야 하는지를 알겠는가? 이제 당신은 당신이 해야 할 일은 죽은 나사로가 그러했던 것처럼 아무 일도 하지 않는 것임을 비로소 깨닫는가? 마르다는 나사로뿐 아니라 우리 자신 그리고 모든 인간에 해당되는 사실을 말했다.

"주님, (우리는) 벌써 냄새가 나나이다." 우리는 나흘, 아니 4,000일, 400,000×4,000일 동안 죽어 있었다. 우리는 죽은 것이나 다름없는 삶을 살아왔고, 죽음 속에 있었으며, 무無 속에서 지내왔다. 그러나 나사로의 경우처럼 우리는 그러한 극단적인 상황이 항상 우리의 소망이 되었음을 발견한다. 우리는 우리를 가두었던 감옥이 자유를 향한 문이었음을 발견하게 된다. 왜냐하면 하나님께서는 무에서 유를 창조해 내시는 것을 기뻐하시기 때문이다.

하나님께서는 무로부터 우리를 창조하시고, 무로부터 우리를 일으켜 세우신다. 예수님께서도 죽음에서 다시 사셨다. 하나님께서 역사하시는 순간 죽은 자는 그 자리에서 벌떡 일어선다. 하나님께서는 반드시 우리를 죽음에서 이끌어 내시어 당신의 부활의 기쁨으로 인도하신다. 바로 당신과 나, 심지어는 부둣가에서 술 한 병으로 낙을 삼는 주정뱅이 아더까지도 말이다.

우리는 모두 죽었다. 그러나 하나님께서는 우리 모두를 살리셨다. 우리에게 아무런 동의도 구하지 않으시고서 말이다. 그저 얌전한 시체로 있었던 우리에게 모든 일을 알아서 해주셨던 것이다. 하나님의 말씀은 결정적인 힘을 가지고 있기 때문에 주님께서 "아더야, 나오너라"라고 말씀하시면, 일어나 나가기만 하면 된다. 그러면 죽은 존재였던 그는 더 이상 죽은 자가 아닌 것이다.[9)]

항복

일반적으로 우리는 이와 같은 은혜를 "기쁜 소식" 즉, 복음이라고 말한다. 하지만 그러한 용어로서 이 놀라운 의미를 다 표현할 수는 없다. 우리는 이 사실을 이해해야 한다. 우리의 언어적 표현에는 한계가 있다. 기쁨이라는 단어로서는 그러한 하나님의 은혜를 모두 담을 수 없다. 그래서 판타지 작품들을 저술한 돌킨은 이러한 상황을 설명하기 위해 호재(好災 : eucatastrophe)라는 새로운 단어를 만들어 냈다. 그것은 좋은 격변, 굉장히 좋은 경련이란 뜻이다.「반지의 제왕」The Lord of the Ring이라는 책의 한 장면은 이것을 잘 표현해 주고 있다.

"간달프! 나는 당신이 죽은 줄로만 알았어요! 그리고 나 역시도 죽었다고 생각했어요. 모든 슬픈 일들이 사실이 아니라는 말인가요? 도대체 무슨 일들이 일어나고 있는 거죠?"라고 샘은 말했다.

"이제 막 큰 그림자가 떠나갔네." 간달프는 웃으면서 이렇게 말했다. 그의 웃음소리는 마치 음악 소리, 또는 마른 땅에 흐르는 물소리와도 같았다. 샘은 그의 웃음소리를 들으면서 자신이 아주 오랫동안 이와 같이 순수한 기쁨의 웃음소리를 듣지 못했다는 사실을 깨닫게 되었다. 샘에게 그 웃음소리는 마치 지금까지 경험한 모든 기쁨의 메아리처럼 들렸다. 갑자기 샘의 눈에서는 눈물이 왈칵 쏟아졌다. 잠시 뒤, 마치 단비가 봄바람을 몰고 와 내린 후 태양이 더 밝게 빛나는 것처럼, 그의 눈물은 멎었고 대신 웃음이 피었다. 샘은 기뻐하면서 침대에서 뛰어 내려왔다.

"내 기분이 어떤 줄 아세요?" 샘이 외쳤다. 그는 "글쎄, 이 기분을 어떻게 표현해야 할지 잘 모르겠어요. 나는, 나는" 하면서 허공에 팔을 휘젓기 시작했다. "내 기분은 겨울이 지난 후 맞이하는 봄 같기도 하고, 잎사귀에 따스하게 비춰지는 햇볕과도 같아요. 또한 내가 이제껏 들어왔던 모든 노래들, 트럼펫 연주 소리와 하프 소리 같아요!"[10]

신약성경은 그리스도를 통한 하나님의 사역을 여러 가지 면에서 기술하기 위해 구원, 구속, 화해, 부활, 영광과 같은 다양한 언어를 사용하는데, 이 모두는 죄악이 가득한 세상을 향해 거룩하신 하나님께서 보여주신 승리의 대폭발 즉, 위대한 호재를 가리킨다. 이러한 표현들은 우리에게 우주의 웃음소리를 들을 것을 요청하고 있다. 그것은 단테가 지옥에서 천국으로 향하는 긴 여정 끝에서 들었던 것과 같은 소리이다. 이것은 애통함이 즐거움으로 변하고, 절망이 소망으로 바뀌고, 죄로 인해 얼어붙었던 세상이 생명을 향해 깨어 나올 때 들리는 거룩한 웃음소리이다.

함께 웃는 것 외에 우리가 할 수 있는 일이 무엇이겠는가? 웃는다는 것은 항복한다는 것, 놀라운 불일치에 승복하는 것이다. 웃음을 자아내는 이야기 거리에 대해 한번 생각해보자. 어떤 목사님이 자신의 허리띠에 화장실용 휴지가 걸려 따라오는지도 모르고 자랑스럽게 강대상을 내려와 걸어가는 모습, 한 아이가 먹다 남은 스파게티가 담긴 그릇으로 모자를 하면 근사할 것이라고 생각해서 그릇을 뒤집어쓰는 모습, 찰리 채플린이 바나나 껍질을 밟고 미끄러지는 모습 등을 볼 때 우리는 웃지 않고는 못 배긴다. 웃음이라는 것은 예상치 못한 상황으로 인해 긴장감이 즐겁게 해소될 때 나타나는 모습이다.

그 무엇보다도 깜짝 놀랄만한 위대한 전환은 예수 그리스도를 통한 하나님의 은혜 가운데 일어났다. 어느 누가 이런 은혜를 예상할 수 있었겠는가? 그 은혜에 항복하는 것 외에 우리가 무엇을 할 수 있겠는가? 우리는 갑작스럽고 놀랍게 다가온 그 은혜에 웃음으로써 반응할 수밖에 없다. 이 웃음이라는 용어를 성경적 용어로 표현하면 그것은 다름 아닌 믿음이다. 믿음이라는 것은 하나님의 구속 사역을 완성시키기 위해 우리가 행해야 할 어떤 행위도 아니고, 우리가 자화자찬할 만한 어떤 일도 아니다. 믿음은 반항하는 것이 아니라 일이 제대로 되어 가도록 놔두는 것이다. 이것은 곧 하나님께 맡기는 것을 의미한다. 간단히 말해서 믿음은 신뢰다. 믿음이 있다는 것은 예수 그리스도를 통해 당신의 사랑을 확실히 보여 주신 거룩하시고 선하신 하나님께 자신을 맡기는 것을 의미한다. 이와 관련하여 헬무트 틸리케 Helmut Thielicke 는 이렇게 말했다. "믿음은 나로부터 출발해서 하나님의 위대한 가능성을 향해 날아가는 것으로 표현될 수 있다."[11]

자아에서 새로운 공동체로

믿음은 거짓되고 자기중심적인 자아의 해체를 초래한다. 우리가 우리 자신을 하나님께 맡기고 중앙에 있는 빛을 향해 돌아설 때 불순종하고 이기적인 우리의 자아는 사라지게 된다. 우리는 하나님께서 창조하셨던 본래의 모습으로 돌아오게 된다. 그럼으로써 우리는 공동체를 이루는 한 인격체, 하나님과 친밀한 교제를 나누는 인격체가 된다. 에밀 브루너Emil Brunner는 이러한 변화를 다음과 같이 표현했다.

> 이것이 바로 믿음이다 즉, 소유권의 전환, 혁명, 주권 포기이다. 자신이 주인이라고 군림하던 자가 복종하는 자로 바뀐다. … 고립 또한 이제 지나갔다. 오만하고 냉정한 '나'는 깨어지고 '너'를 향하게 된다. 믿는 자는 결코 혼자 있는 경우가 없다.
> 믿음이라는 것은 고립된 나를 과감히 극복하는 것이다. 많은 사람과 많은 것을 이야기해온 존재라고 할지라도 진정한 대화의 존재가 아닐 수 있다. 믿음은 독백의 존재를 진정한 대화의 존재로 변화시켜 무조건적인 친교를 나누게 한다.[12]

이러한 무조건적인 친교는 무엇보다도 먼저 하나님을 향한 믿음을 갖게 된 인간 사이에서 이루어진다. 그리스도를 통한 구원의 역사에서 보여주셨듯이 하나님께서는 공의와 자비를 토대로 죄를 용서해 주신다. 그분께서는 모든 죄를 완전히 용서해 주신다. 우리가 아무리 죄에 대한 의식을 상실하고 죄에 대해 무감각 할지라도 우리는 죄책감에서 완전히 자유로울 수 없다. 우리 안에 내재해 있는 무엇인가가 근본적인 혼란을 증거하며, 우리가 어떤 잘못을 저지를 때마다 우리를 꾸짖는다.

헤밍웨이는 한 이야기를 통해 파코라는 이름이 얼마나 흔한 지를 보여주었다. 어떤 아버지가 마드리드로 가서 신문에 광고를 냈다. 그 광고에는 이런 글이 쓰여 있었다. "파코야, 모든 것을 용서해 줄 테니 수요일 오후 12시에 몬타나 호텔에서 만나자. 아버지가" 다음날 행정 당국은 민병대를 동원해서 호텔 앞에 모인 800명의 청년들을 해산시켜야 했다.[13]

우리 역시 모든 것을 용서받기를 간절히 소망하면서 호텔 문 앞에 서 있는 존재다. 이런 우리에게 복음은 한 가지 분명한 사실을 보여준다. 우리의 아버지이신 하나님께서는 우리가 집으로 돌아오기만을 기다리셨고, 우리가 집으로 돌아올 수 있는 길을 여셨고, 우리가 잔치 상에 앉기를 원하셨다. 그리고 우리 모두는 그런 아버지의 초청을 받았다. 아버지께서는 우리의 손가락에 반지를 끼워 주시고, 우리의 어깨에 옷을 걸쳐 주시고, 우리의 발에 신을 신겨 주신다. 아버지는 살찐 송아지를 잡고 연주자들은 흥겹게 음악을 연주한다. 초청 받은 우리들은 즐겁게 춤을 춘다.

손님들은? 우리는 갑자기 다른 파코들도 모두 초대되었고 아버지께서는 먼 나라에서 돌아온 모든 탕자들을 기쁘게 맞이 하셨음을 알아차리게 된다. 상황이 어떻게 돌아가고 있는지 채 파악하기도 전에 우리는 은혜의 리듬에 맞추어 움직이고 있는 우리의 모습을 발견하게 된다. 누군가가 나의 왼손을, 또 다른 이가 나의 오른손을 부여잡는다. 아버지를 중심으로 하여 하나의 거대한 원이 형성된다. 아버지의 사랑은 매우 사실적이고 강렬하다. 그것은 변화시키는 광선을 내뿜는 순수한 태초의 빛과도 같다. 처음으로 우리는 자신을 진실하게 볼 수 있을 뿐 아니라 서로를 진실하게 볼 수 있게 된다.

거룩하신 하나님의 은혜의 초청으로 새로운 공동체가 형성되었다. 하나님께서는 경외감이 상실된 곳에 예배를 명하시고, 침묵에 대한 인내가 상실된 곳에 말씀을 들려주시고, 개인주의가 팽배한 곳에 진실한 사랑을 베푸신다. 이제 우리는 예배와 말씀과 사랑의 삶을 시작해야 한다.

예배는 우리의 삶을 재편성하고
찌꺼기를 씻어낸다.
즉, 우리의 인간성을 파괴하고
마치 도미노 현상처럼
우리의 삶을 연속적인 파탄과
고통으로 빠지게 하는 죄를 정화시킨다.
예배는 우리가 진정한 자아를
회복하게 할 뿐 아니라 우리가 하나님에 의해
창조된 사실을 기뻐하게 만든다.

8. 예배 공동체

수년 전, 아내와 나는 위대한 테너 루치아노 파바로티Luciano Pavarotti의 노래를 들을 기회가 있었다. 우리는 그 공연이 서부 해안 지역에서는 마지막 공연이 될지도 모른다는 말을 듣고 특석 티켓 두 장을 매우 비싼 값을 지불하고 기꺼이 구입했다.

그 공연은 우리의 기대 이상이었다. 우리는 대가의 음악에 멍할 정도로 도취되었다. 그는 뛰어난 재능을 유감없이 발휘하면서 아리아를 멋지게 불러주었다. 그의 재능은 공연을 관람하는 청중들과는 확실히 구별되는 것이었다. 그는 자신의 재능을 풍부하게 보여줌으로써 자신의 구별됨을 드러냈다. 그의 모습은 정말로 우아하고 빛났다. 그가 부른 모든 노래 속에는 무한한 열정과 찬란한 아름다움이 담겨 있었다.

우리는 찬사를 보내지 않을 수 없었다. 우리는 장시간 동안 멈추지 않고 껑충껑충 뛰며 박수 치고 환호성을 지르고 휘파람을 불어댔다.

관객들은 계속해서 무대 위를 향해 앙코르를 청하는 박수갈채를 보냈다. 나는 박수를 너무 세게 쳐서 손이 아프기까지 했다. 이것은 정말로 "대단한 만족을 주는 심오한 기쁨"의 표현이었다.

나는 탁월한 연주에 대한 보답으로 이와 같은 찬사를 보내는 것은 당연한 일이라고 느꼈다. 그리고 최소한 그 순간만큼은 내 작은 세계 안에서 온전한 일치가 일어났다.

이와 유사하게 예수 그리스도를 통해 당신을 내어 주신 하나님께서는 우리에게 믿음을 요구하시는데, 그 믿음의 첫 번째 표현은 찬양과 박수이다. '예배' worship 라는 단어는 "가치를 인정한다" ascribe worth 라는 원어적 의미를 가지고 있다. 이것은 기쁨에 대한 본능적인 반응이자 지칠 줄 모르는 기쁨의 근원이다.

기쁨의 응답

은총은 감사를 불러일으키고, 감사는 표현되어야 한다. 무신론자였던 19세기 영국 여류 작가 해리엇 마티뉴 Harriet Martineau 는 어느 가을 날 아침, 아름다움을 한창 즐기다가 자기도 모르게 "오, 나는 매우 감사한다."는 말을 내뱉었다. 그 말을 들은 그녀의 남편은 이렇게 물었다. "여보, 누구에게 감사한다는 거요?"[1] 감사는 감사할 대상을 필요로 한다. 우리는 모든 사물들이면에 계시는 궁극적인 분, 영원한 사랑으로 우리를 품어주시는 분, 당신의 은혜를 아낌없이 베풀어 주시는 분을 발견하게 될 때, 감사와 찬양을 드리지 않을 수 없게 된다. 피터 마샬Peter Marshall은 그것을 이렇게 노래했다. "첨탑이 꼭대기를 갈망하듯이 … 독수리가 세상의 가장 높은 곳을 추구하듯이 …"

브레넌 매닝Brennan Manning은 브루클린 출신의 유대인 페디차예프스키라가 쓴 희극 '기드온'의 한 대목을 이렇게 소개했다.

어느 날 밤, 인적이 끊긴 사막에 설치된 텐트에서 나온 기드온은 하나님께 버림받고 거절당한 기분을 느끼면서 서 있었다. 바로 그 순간, 하나님께서는 그의 텐트로 찾아오셔서 기드온과 사랑을 나누셨다. 그는 격렬한 하나님의 사랑의 불길에 황홀함을 느꼈고 그 사랑에 압도되었고 그 사랑으로 불타게 되었다. 그는 그의 텐트에서 이리저리 걸으면서 온 밤을 지새웠다.

마침내 새벽이 왔을 때, 기드온은 브루클린 출신의 유대인 억양으로 소리쳤다. "하나님, 오, 하나님! 저는 당신만, 오직 당신만을 생각하며 온 밤을 지냈습니다. 저는 사랑의 환희에 빠져 있었습니다. 하나님, 저는 당신께서 저의 텐트 안에서 머무르시기를 원합니다. 당신을 부여안고, 당신의 모든 것과 함께하고 싶습니다. 하나님, 저를 사랑한다고 말해 주십시오."

하나님께서는 이렇게 대답하셨다. "내가 너를 사랑한다. 기드온." "예, 하나님 다시 한 번 말해 주십시오." "내가 너를 사랑한다. 기드온."

　　기드온은 자신의 머리를 긁으면서 이렇게 말했다. "저는 이해할 수 없습니다. 왜 당신께서 저를 사랑하시는지를…"

　　그러자 하나님께서도 머리를 긁으시면서 이렇게 대답하셨다. "나도 정말 모르겠다. 기드온, 열정은 때로 비이성적이지."[2]

　　인간의 이성을 초월하는 하나님의 열정은 인간에게 "사랑의 환희"를 느끼게 하신다. 그리고 사랑받는 인간은 하나님께 감사의 예배를 드린다. 알렉 기네스는 회심 직후 자신이 런던 거리에서 했던 행동을 이렇게 기록했다. "나의 마음은 기쁨으로 가득 찼다. 나는 오직 성찬에 참여하고자 하는 열망으로 최대한 빨리 교회를 향해 달렸다."[3]

　　하나님께서는 우리에게 열렬한 사랑을 베푸시고 그리스도의 은혜로 우리를 감싸신다. 그래서 우리는 본능적인 기쁨을 경험하며 그것을 감사와 찬양으로 하나님께 화답한다. 우리는 이것을 예배라고 부른다.

응답의 기쁨

　　우리는 기쁨에 대한 감사의 표시로 하나님께 예배를 드린다. 또한 우리는 예배를 드림으로써 기쁨을 맛보게 된다. 즉 기쁨은 찬양을 낳고 찬양은 새로운 차원의 기쁨을 낳는다. 아내와 나는 기쁨에 대한 감사로 파바로티에게 박수를 보냈다. 그런데 그 박수는 우리를 더욱 더 큰 기쁨으로 몰아갔다. 넘쳐흐르는 갈채는 그 자체로써 기쁨을 창조한다.

공연이 훌륭했기 때문에 그에게 찬사를 보내는 것은 기분 좋은 일이었다. 우리는 그에게서 높이 평가받을 만한 탁월성을 인식했기 때문에 그에게 기꺼이 찬사를 보냈던 것이다.

하나님께서는 당신을 예배하고 당신 안에 있는 가치 있는 것들을 찬양하도록 하기 위해 인간을 창조하셨다. 그러므로 영광에 대해 박수를 보내는 것은 우리의 본성이다.

우리가 본능적으로 파바로티의 음악적 재능에 대해 영광의 찬사를 보낸 것은 우리 인간이 그 뒤에 계신 분께 더 큰 영광을 돌리도록 지음을 받았기 때문이다. 창조 세계 안에서 이루어지는 모든 영광의 표현의 원천은 빛의 한가운데 계시며, 창조주요, 구속주요, 우리 삶을 지탱해 주시는 거룩하신 하나님이시다.

우리는 하나님을 찬양하는 삶을 살도록 창조되었다. 하나님께서는 신약성경을 통해 이렇게 말씀하신다. "그 기쁘신 뜻대로 우리를 예정하사 예수 그리스도로 말미암아 자기의 아들들이 되게 하셨으니, 이는 그의 사랑하시는 자 안에서 우리에게 거저 주시는바 그의 은혜의 영광을 찬미하게 하려는 것이라 … 이는 그리스도 안에서 전부터 바라던 우리로 그의 영광의 찬송이 되게 하려 하심이라"(엡 1:5-6, 12).

예배의 필요성은 인간의 본성에 심겨져 있었다. 자동차가

달릴 수 있으려면 가솔린이 필요하고, 배가 항해할 수 있으려면 바람이 필요하고, 매가 하늘을 높이 날 수 있으려면 따뜻한 기류가 필요하고, 물고기가 헤엄을 칠 수 있으려면 물이 필요한 것처럼 우리가 살 수 있으려면 예배가 필요하다. 우리는 예배를 드려야만 하는 존재이다.

그러나 모든 사람이 하나님께 예배를 드리는 것은 아니다. 왜냐하면 인간은 진정한 하나님 대신 다른 사이비 신을 선택할 수 있는 자유를 가지고 있기 때문이다.

G.K. 체스터튼은 이렇게 말했다. "우리가 하나님을 예배하기를 그칠 때, 우리는 아무도 경배하고 있지 않는 것이 아니라, 다른 어떤 것을 경배하고 있는 것이다."[4] 이처럼 우리는 홀로 온전한 경배를 받으셔야만 할 하나님의 자리에 우상을 세우고 그 우상을 찬양하고 숭상할 수 있다.

운동 경기를 관람하기 위해 모여 든 관중을 상상해 보라. 동료가 패스한 공을 받아 차 골인을 시킬 때, 가드가 장거리에서 3점 슛을 집어넣을 때, 타자가 투수의 공을 정확히 맞춰 홈런을 칠 때, 팬들은 껑충껑충 뛰고 팔을 높이 올려들면서 열광을 한다. 그들은 기뻐서 찬양할 뿐 아니라 찬양해서 기쁨을 얻는다.

락 콘서트에 모인 관중들을 상상해 보라. 춤을 추면서 열광적으로 무대를 가로지르던 리드싱어가 그의 의상을 황홀경에 빠져 있는 사람에게 던진다. 음악 소리가 너무나 커서 전혀 들을 수 없지만, 관중들은 자신들의 침실 벽에 걸어둔 락 밴드를 향해 환호성을 지른다. 그들은 기뻐서 찬양할 뿐 아니라 찬양해서 기쁨을 얻는다.

우리는 찬양하지 않을 수 없는 존재이다. 인간은 예배하는 존재이다. 중요한 것은 인간이 예배의 대상으로 누구를 선택하느냐이다. 우리는 하나님께 예배를 드릴 수도 있고, 수많은 사이비 신에게 예배를 드릴 수 있다. 앞에서 언급했듯이 우리는 우리의 사상, 이해, 경험, 안락, 국가, 성공에서 비롯된 사이비 신들에게 가장 큰 유혹을 받을 수 있다. 그 뿐 아니라 돈, 권력, 섹스와 같은 사이비 신들에게도 유혹을 받을 수 있다. 우리는 하나님의 자리에 많은 것들을 가져다 놓을 수 있다. 토마스 아퀴나스는 이렇게 말했다. "어느 누구도 기쁨 없이는 살아갈 수 없다. 그래서 영적인 기쁨을 빼앗긴 사람은 육체적 기쁨으로 발걸음을 돌릴 수밖에 없다."[5]

어떤 사이비 신도 우리에게 예배를 통한 심오한 기쁨을 줄 수는 없다. 인간은 어떤 것으로든 숭배의 대상을 삼을 수는 있으나 하나님을 경배하지 않는 한 진정한 기쁨을 맛볼 수 없다. 중심에 영광의 빛이 있을 때 작은 빛들이 더 밝게 비쳐지듯 하나님을 예배의 대상으로 삼을 때 우리의 삶은 비로소 창조주가 의도하신 인생의 의미를 가지게 된다. 그래서 칼 바르트는 예배를 "인간의 삶에서 일어날 수 있는 가장 절박하고, 가장 위대한 행위"[6]라고 묘사했다.

에블린 언더힐Evelyn Underhill은 다음과 같이 말했다.

교회에 모인 회중은 썰물 상태에 있는 진흙투성이의 바닷가를 보고 있었다. 그 바닷가에는 온갖 종류의 지저분한 것들이 가득 널려 있어 혐오스러울 지경이었다. 바로 그때 예배의 밀물이 들어오면서 죽은 바닷게, 해파리, 종잇조각, 빈 깡통들과 온갖 쓰레기 뭉치들을 다 쓸어가 버려 바닷가는 훨씬 깨끗해졌다. 이처럼 우리는 평범한 예배 행위를 통해 편협하고 이기적인 시각으로 우주를 보는 일을 그만두게 된다.[7]

예배는 우리의 삶을 재편성하고 찌꺼기를 씻어낸다. 즉 우리의 인간성을 파괴하고 마치 도미노 현상처럼 우리의 삶을 연속적인 파탄과 고통으로 빠지게 하는 죄를 정화시킨다. 예배는 우리가 진정한 자아를 회복하게 할 뿐 아니라 우리가 하나님에 의해 창조된 사실을 기뻐하게 만든다.

전능하신 자 앞에서의 경외

그렇다. 예배에는 기쁨이 있다. 이 기쁨이 거룩한 존전을 대할 때 일어나는 어떤 원초적인 감정을 막을 수는 없다. 즉 두려움과 매력의 결과인 경외감이 그것이다. 우리는 그리스도 안에서 하나님의 은총에 의해 구원 받은 존재로서 기쁨을 경험한다. 우리는 그 기쁨으로 인해 아이들처럼 자유분방하게 우주의 보좌 앞으로 행복하게 춤을 추며 나아간다. 그러나 우리는 거기서 갑자기 우리 주변을 돌아보게 되고 우리의 실제 상황을 인식하게 된다. 우리는 자신이 무가치하다는 사실을 인식하게 되고 하나님의 거룩에 어울리지 않는 존재라는 사실을 느끼게 된다. 우리는 당황하게 된다. 예배는 하나님의 신비를 깊이 깨달을 수 있도록 이끌어주고 신을 조작할 수 있다는 망상을 버리게 한다.

하나님께서는 모든 점에서 우리가 생각했던 것 이상이시다. 우리 안의 모든 것은 위험으로부터 멀어지기를 바라지만 우리는 움직일 수 없는 두려움을 느낀다. 그러나 이 두려움 속에는 이전에 경험했던 어떤 것보다 더 큰 기쁨이 있다. 우리는 두려움 때문에 보좌로 나아갈 수 없을 뿐 아니라, 기쁨 때문에 보좌 앞에서 도망칠 수도 없다. 그래서 우리는 우리가 할 수 있는 일만을 하게 된다. 즉 우리는 경외감에 고개를 숙일 뿐이다. 오직 전적 타자이신 하나님만이, 사랑의 하나님만이 이러한 경외감을 불러일으키실 수 있다.

우리 자신이 만든 사이비 신들은 우리를 경외감으로 채울 수 없다. 사이비 신들이 어떻게 그런 일을 할 수 있겠는가? 그것들은 우리의 통제 하에 있기 때문에 우리의 욕망에 따라 변화한다. 그것들은 또한 과학적 방법론에 지배를 받고 있기 때문에 우리를 현상적인 세계만으로 인도할 수 있을 뿐이다. 그 결과 1장에서 말한 것처럼 그것들은 경외감을 불러일으킬 수 없다. 다시 말해, 골치 아픈 경험주의가 신비감을 공격하여 거의 맥을 쓸 수 없게 만들었다. 오늘날 '신비'는 하찮은 것이 되어버렸다.

그것은 단지 추리 소설, 공포 영화, 괴기 영화를 연상케 하는 정도의 것이 되어버렸다.

초월성에 대한 갈망은 억압될 수 없다. 인간의 가슴 속에는 예배를 드리고자 하는 갈망과 예배를 통해 기쁨을 맛보고자 하는 갈망이 깊숙이 내재되어 있다. 이러한 충동은 가끔 야생말이 울타리에서 탈출하는 것처럼 내면에서 튀어나온다. 우리는 기성 종교들을 신봉하기도 하고 사이비 신들을 만들어 내기도 한다. 그리고 어떤 종류의 영성을 유행시켰다가 소멸시키기도 한다. 이러한 열망은 우리가 좀 더 큰 존재를 위해, 우리 밖에 있는 누군가를 위해, 우리들 '위'에 존재하는 '타자'를 위해 지어졌음을 말해 준다.

이분께서 예수 그리스도를 통해 우리를 사로잡을 때 우리는 기쁨의 찬양으로 응답하게 된다. 우리는 예배를 통해 하나님께 마음을 열면서 동시에 두려움으로 가득 차 있는 자신을 발견하게 된다. 예배는 우리로 하여금 경외심을 느끼게 한다. 만일 하나님께서 거룩하시다면 하나님처럼 되려는 우리의 노력은 수포로 돌아갈 것이다. 만일 하나님께서 거룩하시다면 우리의 잡신들은 분명히 아무런 가치가 없는 것으로 드러날 것이다. 만일 하나님께서 거룩하시다면 우리는 지면에 꿇어 엎드려 순전하고 연약한 모습으로 그분께 매달리게 될 것이다. "여호와를 경외하는 것이 지식의 근본이다"(잠 1:7).

이사야는 예배를 드리기 위해 성전에 들어갔을 때, 보좌에 앉아 계신 주님의 모습을 보았다. 스랍들은 "거룩하다, 거룩하다, 거룩하다, 거룩하다, 만군의 여호와여"라고 노래를 불렀고 문지방의 터는 요동을 하였다. 이사야는 "화로다, 나여. 망하게 되었도다. 나는 입술이 부정한 사람이요, 입술이 부정한 백성 중에 거하면서 만군의 여호와이신 왕을 뵈었음이로다."(사 6:1-5)라는 고백을 하지 않을 수 없었다.

그러나 여호와께서는 이사야나 남은 우리들이 멸망하도록 내버려두지 않으시고, 거룩한 사랑의 제단에서 타는 숯을 취해 부정한 입술을 태우셨다. 우리는 전적 타자 앞에서 본능적인 두려움을 느낀다. 하지만 그것은 곧 전적 타자를 향한 친근감으로 변해 우리의 마음은 경외감으로 충만하게 된다. 요한계시록에서 사도 요한은 만물을 움직이는 실체를 보았는데 그것은 이사야가 본 것보다 더 충만한 환상이었다. 그는 삼위일체의 하나님을 보았다. 성부께서는 왕의 위엄을 가지고 보좌 위에 앉아계셨다. 그리고 성부의 주위에는 성령의 충만함을 나타내는 일곱 영이 에워싸고 있었다. 그리고 성부의 보좌 가까이에는 죽임을 당하신 아들이신 어린양께서 서 계셨다. 그리고 24장로와 네 생물과 천사장과 수많은 예배자 즉, 모든 창조물들로 구성된 대 성가대들이 무릎을 꿇고 이사야가 본 스랍들처럼 "거룩하다, 거룩하다, 거룩하다."라고 경건하게 경배의 찬양을 드리고 있었다. 폴 쥬트Paul Jewett는 다음과 같이 말했다.

피조물이 경외함으로 엎드려 드리는 경배는 어떤 도덕적 이상을 준수하려는 행위가 아니다. 그것은 오토가 말한 것처럼 "기이하게 낯선 것", "두려운 타자", "하나님의 위엄"을 자각하는 것이다. 다시 말해 그것은 하나님의 거룩하심을 인식하는 것이다.

바로 이 거룩함이 하나님을 다른 모든 것과 구별되게 하며 지구상의 어떤 것과도 비교할 수 없게 만든다. 초월적이고 신비하신 하나님께서 우리와 하나가 되기 위해 낮아지셨을 때조차도 그분께서는 여전히 경외감과 두려움을 일으키는 존재셨다. 예수님의 제자들은 그분과 가까워 질수록 그분께 모종의 경외감을 느꼈다. 바로 예수님께는 인간과는 구별되시는 타자성이 있었기 때문이다. 그래서 우리가 절대 타자이신 하나님께 예배를 드릴 때, 경외감을 느끼는 것은 당연한 일이다.

실제로 예배는 하나님이면서 동시에 그리스도로 우리에게 가까이 다가오셨던 하나님과 교제하는 것이며 이 교제는 경외와 숭배를 통해 이루어진다.[8]

회복되어 가는 경외감

그렇다면 당신은 왜 주일 아침 예배에—공식적이든 비공식적이든, 자유주의적이든 복음주의적이든—참석하면서 경외심을 잘 느끼지 못하는가?

예배를 드리는 당신은 일종의 존경심은 느낄지 모른다. 하지만 당신의 얼굴은 경외감을 거의 나타내지 않는다. 자의식적인 경건이 연기처럼 공중에 떠있는지는 모른다. 하지만 당신의 영혼이 벌거벗겨져 당혹스러워 하면서 하나님 앞에 엎드릴 때까지는 아무것도 불안정해 보이거나, 혼란스러워 보이거나 확신이 무너져 보이지 않는다. 당신은 예배 안에서 정겨운 교제, 영감을 불러일으키는 가르침, 감성을 자아내는 음악과 같은 좋은 점들을 발견할지는 모른다. 하지만 이런 것들은 대부분 수평선상에서만 활발하게 일어나지 수직선상을 향해서는 공손한 인사만을 보낼 뿐이다. 본당 앞 로비에서부터 예배가 드려지는 성전 안까지 수다스러운 말들은 이어진다. 사람들은 편안함과 즐거움을 위해 교회에 드나든다.

애니 딜라드는 메마른 예배의 모습을 이렇게 비판한다.

내가 속해 있던 교회의 사람들은 오만함과 거만함을 지닌 부당하고 타성에 젖은 태도로 하나님 앞에 나왔다. 그들은 하나님과 관계를 갖기에 가장 적절한 피조물의 자리에 있었고 하나님을 어떻게 대해야 하는지 가장 잘 알고 있었음에도 불구하고 그런 모습을 보였다.

나는 사람들이 자신을 부인하지 않고도 성공적으로 하나님을 부르는 어떤 예배를 종종 생각한다. 어떤 교회는 신에 대한 경외심을 잊어버린지 오래된 인디언 모호크 족 식의 예배를 통해 시간을 보낸다. 만일 하나님께서 그런 예배를 저주하신다고 한

다면, 추측컨대 회중들은 정말로 충격을 받게 될 것이다.9)

하나님을 하찮게 여기는 것은 불가피하게 예배를 소홀히 드리도록 만들었다. 우리 자신들이 만든 신들 즉 우리의 목적, 이해, 체험의 범주 내에서만 존재하고 우리의 안락, 우리나라의 성공만을 위해 창조된 신들은 우리를 초월할 수 없기 때문에 우리를 두렵게 만들거나 우리의 관심을 집중시키지 못한다.

경외감은 우리가 회개할 때에만 회복될 수 있다. 회개의 성경적 의미는 돌이킨다는 것이다. 회개는 어떤 것으로부터 멀어져 다른 것으로 가까이 나아가는 것을 의미한다. 예수 그리스도의 복음은 우리가 사이비 신들로부터 떠나 하나님께로 돌아오도록 하신다. 이 복음은 우리에게 지속적인 방향전환을 요구한다. 우리는 계속해서 우리 자신이 만들어 낸 신들을 버리고 모든 만물을 창조하신 하나님께로 다시 돌아가야 한다.

이것은 하나님의 은총이 우리를 계속해서 지켜 주실 것인지의 여부를 의심해야 한다는 의미는 아니다. 불안이 우리의 삶을 주관해서는 안된다. 우리는 하나님께서 우리를 당신의 가족으로 삼으셨고 우리 안에서 실패하지 않을 훌륭한 사역을 시작하셨고, 그리스도께서 영원히 우리를 형제나 자매로 여기실 것이라는 사실을 믿어야 한다. 이것은 가장 기본적인 신앙인의 자세이다. 하지만 우리 존재의 내부에는 여전히 자기중심적인 면이 있다. 그리스도께서 재림하시어 지금 우리가 부분적으로 경험하고 있는 구원을 완성하실 때까지 우리의 내면에는 추한 죄의 뿌리가 자란다. 따라서 우리는 지속적으로 중심에 있는 빛을 향하여 즉, 신령한 하나님의 은혜를 향하여 돌아서야 한다.

믿는 사람들의 회개는 자신이 누구이며 자신이 누구의 소유인지를 올바로 인식함으로써 시작된다. 우리는 지속적인 영적 훈련과 예배를 통해 자신의 존재를 인식하고 하나님에 대한 경외감을 회복한다. 우리는 자신의 실제 모습을 인식하기 위해 오랫동안 기다려야 한다. 우리가 발견한 기쁨의 감사는 우리를 우주의 보좌로 인도하여 초월자이신 하나님의 존전으로 나아가게 한다. 하나님께서는 우리를 초월하여 가장 작은 분자로부터 가장 큰 은하계에 이르기까지 모든 창조물을 섭리하시는 분이시다. 그분께서는 예수 그리스도로 인해 우리를 의인으로 인정하시어 영원한 은혜의 품안에 감싸주시는 분이시다. 다시 말해 하나님께서는 우리가 원하는 그 이상의 분이시다. 그런데도 우리가 자기 자신과 모든 사이비 신을 경배해야겠는가?

하나님의 존전에서 인간은 커다란 경외감을 경험한다. 소설 속의 등장인물인 몰Mole 은 이와 같은 경외감을 경험했다. 경외감으로 인해 "그의 근육은 물로 변하고, 머리는 저절로 숙여지고, 두 발은 땅에 붙어버린 것 같았다. 그는 무서운 공포심을 느낀 것이 아니라 놀랄만한 평안과 행복감을 느꼈다. 그는 보이지는 않지만 어떤 전능하신 분이 바로 가까이에 계심을 느낄 수 있었다."[10]

휘튼 대학 시절, 드렸던 한 예배는 나에게 잊을 수 없는 충격을 주었다. 그 예배의 설교자는 존경받는 레이몬드 에드먼 박사였다. 건강이 좋지 않은 상태였기 때문에 그가 설교단에 서는 것은 특별한 일이었다. 그는 우리가 하나님 앞에서의 경외감을 배우기 원했다. 예배는 진지한 행위라는 것을 설명하기 위해 그는 하일레 셀라시에 이디오피아 황제를 방문했을 때의 이야기를 들려주었다. 그는 황제 앞에 나가기 전에 주어지는 지시사항들, 지켜야 할 외교 의례, 존경의 표시 방법들을 설명했다. 그리고는 우리가 하나님을 만날 때에도 이와 같은 준비를 해야 한다고 역설했다.

에드먼드 박사는 바로 이 말을 마친 순간 설교단에서 쿵 하고 쓰러져 왕중의 왕이신 하나님 앞으로 갔다. 비록 그는 죽었지만, 우리는 그의 설교를 통해 잠시나마 생명을 맛보았다. 하늘과 땅 사이를 구분하는 경계선은 일순간 사라졌다. 우리는 더이상 다음 시간에 치를 시험을 걱정하고 이번 주말에 있을 데이트를 기대하는 대학생이 아니라 하나님의 보좌 앞에서 천사들과 천사장들과 함께 있었다.

우리가 예배를 드리기 위해 함께 모일 때—우리가 즉시 이 사실을 깨닫든지 깨닫지 않든 간에—우리는 전능하신 하나님을 만나게 된다. 아마도 오늘날 예배 시간 중 가장 소홀하게 취급되는 시간은 예배가 시작되는 시간일 것이다. 그 때에는 오르간 전주 소리와 교인들의 잡담 소리가 치열한 경쟁을 한다. 물론 여기에는 어떤 이유들이 있다. 일단 오늘날의 교회 건축물은 신성한 장소라는 느낌을 거의 불러일으키지 못한다. 또한 현대의 예배자들은 일주일에 한 번씩 교회에서 만남을 가지기 때문에 예배 시작 시간은 자연히 친교의 시간이 된다. 이것들은 이해가 될 만한 이유들이다. 하지만 우리는 전능하신 분께서 가까이 계시다는 사실을 기억하면서 예배가 시작될 때에는 조용하게 묵상하는 법을 배워야 할 것이다.

하나님 중심의 예배

경외감을 회복시키는 회개는 지난 일을 회상하는 것으로 시작되어 하나님께로 초점을 맞추는 것으로 나아간다. 보좌에 앉으신 한 분만을 응시할 때 우리는 그 밖의 모든 것을 잊어버리게 된다. 거룩하신 하나님께서는 우리에게 주목 받기를 원하신다.

그러나 때때로 예배는 하나님보다 인간 중심으로 진행된다. 우리 대부분은 예배를 통해 무엇인가를 얻기를 바란다. 우리는 이것을 예배가 의미 있었는가 의미 없었는가를 판단하는 기준으로 삼으려는 경향을 가지고 있다. 내가 감동을 받았는가? 설교와 음악이 내 마음에 들었는가? 나의 욕구가 제대로 충족되었는가? 만일 그렇지 않았다면, 우리는 다음 주일날에는 다른 교회를 한 번 나가볼까 하고 생각할지도 모른다.

회중의 필요를 민감하게 대하는 것은 여러 가지 좋은 결과를 초래할 수도 있다. 예를 들어, 적절한 동기유발을 야기시킬 수도 있고 교인들의 수를 증가시킬 수도 있다. 하지만 하나님께서 그 중심에 없다면 그 모든 성과들이 무슨 소용이 있겠는가? 우리에게 가장 필요한 것은 예배를 드릴 때, 우리의 모든 관심을 하나님께 집중시키는 것이다. 빛이신 하나님을 향해 시선을 돌릴 때, 우리는 기쁨과 경외심으로 춤을 출 수 있게 되고 내면 깊은 곳에 있는 욕구를 충족시킬 수 있게 된다. 하나님의 아들과 딸로서 온전한 삶을 살아갈 수 있게 된다.

키에르케고르는 예배시 우리가 혼돈하고 있는 역할을 지적했다. 우리는 예배자를 청중으로, 목사를 배우로, 하나님을 무대 뒤에서 대사를 읽어주는 프롬프터로 생각한다. 하지만 실제로는 예배자가 배우이며, 목사가 프롬프터이며, 하나님께서 청중이 되어야 한다. 상가 건물에 모인 적은 수의 무리들이든지, 성베드로 광장에 모인 수 천명의 사람들이든지 간에 일단 예배를 드리기 위해 모인 사람들이라면 그들은 여러 막으로 구성된 연극을 공연해야 한다. 즉 그들은 하나님을 기쁘시게 하기 위해 말하고, 노래하고, 기도하고, 헌금하고, 세례를 받고, 빵을 먹고, 포도주를 마셔야 한다. 그리고 이 공연의 맨 마지막 박수는 하나님께서 치셔야 한다.

키에르케고르의 이야기를 좀 더 생각해 보자. 연극은 특정한 시간, 지정된 장소에서 공연된다. 즉 배우들과 프롬프터와 관객은 8시에 올드 그로브 극장에 모인다. 이와 같이 하나님의 백성들이 드리는 예배도 특정한 시간, 지정된 장소에서 열린다. 이것은 우리가 아무 시간, 아무 장소에서나 하나님께 예배를 드려서는 안된다는 사실을 말하려 함이 아니다. 사실 우리는 전 생애를 통해 하나님께 찬양의 제사를 드리도록 부름을 받았기 때문에 언제 어디서든 하나님께 예배를 드릴 수 있고 또 드려야만 한다. 하지만 바로 이런 이유 때문에 우리는 특정한 시간과 장소를 마련하여 하나님께 예배를 드림으로써 우리가 언제 어디서나 하나님께 예배 드리기를 원한다는 사실을 증명해야 한다.

어떤 남편과 아내가 끊임없는 헌신과 신뢰감을 가지고 매일 서로 사랑한다고 하자. 그렇다고 그들에게 서로의 사랑을 확인할만한 특별한 장소와 시간이 필요 없겠는가? 그들에게는 성적 친밀감을 나눌 시간과 장소가 필요할 것이다. 그들에게는 축하해야 할 결혼기념일이 있을 것이다. 그들에게는 서로를 위해 특별히 헌신해야 할 시간이 필요할 것이다. 그렇다. 부부의 사랑조차도 나름대로의 의식이 필요하다.

'의식'이란 말은 그 가치가 점점 더 떨어지고 있다. 의식이라는 단어는 보통, "죽은 의식", "따분한 의식", "공허한 의식"과 같은 비난 투의 형용사와 함께 쓰인다. 우리는 의식 같은 것은 무시해야 한다고 생각한다. 우리는 그런 케케묵은 말은 전통주의자들에게나 맡기고 자연스럽게 되도록 노력해야 한다고 생각한다. 하지만 그런 생각은 난센스다. 우리에게는 의식이 필요하다. 우리는 어떤 짜여진 틀이 없이는 의미 있고 생산적인 삶을 살 수 없다. 당신의 하루 일과를 생각해 보라. 당신은 일상적으로 주어진 일들을 하고 있을 것이다. 나는 잠자리에서 일어나면 아래층으로 내려가 커피를 마시면서 하루 일과를 시작한다. 그리고는 샤워도 하고 양치질도 하고 성경도 읽고 기도도 한다. 나는 아침마다 이런 일을 반복한다. 이런 것들이 바로 의식이다. 이것들은 내 삶에 질서를 부여하는 양식들이다.

우리는 가치 있다고 여기는 일들을 기분 내키는 대로 아무렇게나 하지 않는다. 그렇듯 하나님의 백성들은 특정한 시간(대부분 일요일, 즉 주님이 부활하신 날), 특정한 장소(야외로부터 판자로 지은 교회나 고딕 성전에 이르기까지)에서 함께 모인다. 그리고 예배 의식을 거행한다. 톱밥이 널린 길에서 열리는 오순절 부흥 집회든지, 향기와 종소리가 있는 로마 가톨릭의 미사든지 간에 모든 예배에는 구조와 유형이 있다. 예배 순서를 특별히 정할 생각을 하지 않는 소위 "자유 교회"에서도 예상된 순서에 따라 예배를 드린다.

그러므로 의식적인 예배냐 비의식적인 예배냐가 중요한 것이 아니라 의식을 신중히 여기는 예배냐 신중히 여기지 않는 예배냐가 중요하다. 나는 심리학자는 아니지만 감히 이런 말을 하고 싶다. 공중 예배 의식은 우리의 잠재의식 속에 새겨져 우리의 영성을 형성하는데 깊은 영향을 준다. 예배의 성격은 그에 따른 교훈을 준다. 넘쳐흐르는 찬양으로 시작되는 예배는 하나님 앞에 담대하게 나아가야 한다는 사실을 가르쳐 주지만, 죄의 고백으로 시작되는 예배는 정직한 자아성찰과 철저한 회개가 없이는 하나님께 가까이 나아갈 수 없다는 사실을 가르쳐 준다. 우리는 우리가 정기적으로 드리는 예배의 성격에 대해 주목할 필요가 있다. 왜냐하면 예배의 성격은 우리와 하나님 사이에 일어나는 역동성에 중요한 영향을 미치기 때문이다.

벤 패터슨Ben Patterson은 유명한 유대인 랍비 아브라함 여호수아 헤셸이 한 때 그의 회중들로부터 불평을 들은 이야기를 들려준다.

> 회당에 모인 사람들은 이런 예배 의식으로는 그들이 느끼는 것을 잘 표현하지 못한다고 헤셸에게 말했다. 그렇다고 헤셸이 예배의 형식을 바꾸었을까? 그는 이렇게 지혜롭게 말했다. "예배는 당신들이 느끼는 것을 표현하는 것이 아니다. 당신들이 예배가 표현하는 것을 느끼도록 배워야 한다."
>
> 유대인들은 드라마를 배울 때, 드라마가 그들의 상상력을 사로잡고 마음 속 깊은 곳에 흡수될 때까지 반복해서 대사를 외우고 연기한다. 그래야만 자신의 개인적인 삶의 드라마를 제대로 살 수 있게 되기 때문이다.[11]

예배 공동체는 하나님을 어떤 식으로 찬양해야 하는가? 내가 어떤 하나의 '모범적인' 예배 의식을 제시하는 것은 바람직하지 않다고 생각한다. 회중들의 문화적 배경과 성격은 매우 다양하다. 이러한 다양성은 다양성을 사랑하시는 창조주를 확실히 기쁘게 한다. 모든 예배는 하나님을 향해 진행되어야 하며, 우리의 시선을 하나님께 집중시키는 방식으로 구성되어야 한다.

토스카니니가 베토벤의 5번 교향곡 연주를 훌륭하게 끝마치자 청중들은 일어나 박수를 치며 환성을 질렀다. 그러나 토스카니니는 청중들을 향해 팔을 거칠게 휘두르면서 환성을 멈추게 하였다. 그리고는 오케스트라 단원들을 향해 "당신들은 아무것도 아닙니다."고 말했다. 또한 자신을 가리키면서도 "나는 아무것도 아닙니다."라고 말했다. 그러고 나서 이렇게 말했다. "베토벤만이 전부, 전부, 전부입니다."[12]

기독교인들의 예배는 "하나님만이 전부, 전부, 전부"이어야 한다. 우리가 주일 아침에 드리는 예배의 순서와 방법은 항상 하나님을 향해야 하고, 아울러 하나님께서 주도적으로 우리를 부르셨다는 사실과 우리의 죄보다 하나님의 은혜가 더 중요하다는 사실, 우리의 욕구보다 하나님의 뜻이 더 중요하다는 사실, 하나님의 영광이 우리의 감화됨 보다 더 중요하다는 사실을 되풀이하여 강조해야 한다.

이처럼 하나님 중심의 예배는 하나님의 말씀이 인간의 어떤 말보다 더 중요하다는 사실을 깨달을 때에 온전히 이루어진다. 아울러 이 말씀이 성경과 설교와 성례전을 통해 우리에게 다가올 때, 우리는 하나님 앞으로 더 가까이 나아갈 수 있다.

9. 말씀 공동체

하나님의 말씀이 인간의 말보다 우선권이 있다는 것은 사실이지만, 현대인들은 하나님 말씀에 아무런 흥미를 가지지 못한 채 하품만 할 뿐이다. 우리는 너무나 말이 많은 세상에서 살고 있기 때문에 어떤 종류의 말에도 흥미를 잃어가고 있다. 정보의 폭발은 말의 인플레이션을 낳았고 결과적으로 말의 가치를 평가절하시켰다. 심지어 어떤 노래는 "말은 조금 적게 하고, 행동은 더 많이 하라"라고 호소하고 있다. 비록 이 곡을 부르는 가수의 마음속에는 다른 생각이 있을지라도 이 노래에서 만큼은 전화, 텔레비전, 라디오, 팩스, 컴퓨터 등을 통해 나타나고 있는 문화의 현상 즉, 언어의 물결이 범람하고 있는 현상을 잘 드러내고 있다.

　이 모든 최첨단 정보 매체 기술은 전기 고속도로를 건설했다. 이 거대한 네트워킹을 통해 확실히 더 엄청난 정보가 세상에 범람하게 될 것이다. 그렇다고 인간의 지혜가 더 많아질까? 그럴 것 같지는 않다. 우리가 최첨단 정보들을 다 접하고 익히기도 전에 그것들은 또 다른 정보들을 양산하면서 변화한다. 우리는 어떤 정보가 의미 있는 정보인지 판단할 수 있는 능력을 상실할 수 있다. 닐 포스트만Neil Postman은 이렇게 말했다. "'마법사의 제자' (옮긴이: 괴테의 작품 - 마법사가 외출한 사이에 그 제자가 빗자루로 마법을 연습하다가 홍수를 낸다는 이야기)처럼 우리는 정보의 홍수를 일으키고 있고 그것들 때문에 시달리고 있다. 모든 마법사들이 우리에게 남겨 준 것은 빗자루뿐이다. 정보는 쓰레기처럼 되어 인간의 근본적인 질문에 대답할 수도 없을 뿐 아니라 세속적인 문제를 해결하는 데에도 일관성 있는 방향을 제시하지 못하고 있다."[1]

1986년도에 방송인 상을 수상한 테드 카플Ted Koppel은 수상 소감에서 이렇게 말했다. "오늘날 미국인들이 삶을 통해 보여주고 있는 문제는 자기 자신의 진실된 말과 행동을 보여주는 것이 아니라, 의도되거나 혹은 기대되는 말과 행동을 보여주고 있다는 것이다. 우리는 상황에 너무 집착한 나머지 진실을 포기하고 있다. 이런 역설을 생각해보라. 오늘날 거의 모든 공식적인 발언들은 녹음되고 있다. 그러나 공식적인 발언들치고 기억할 만한 가치가 있는 것들은 거의 없다."[2]

이 모든 환경 속에서도 우리는 여전히 언어를 사용하고 있다. 언어는 인간이 의사소통을 하는데 기본적인 수단이다. 그래서 우리는 계속해서 의사소통을 한다. 우리는 연설을 하고 책을 읽고, 강의를 듣고, 일기를 쓴다. 또한 결혼제도나 정부와 같은 것들을 만들 때에도 언어에 의존한다. 인플레이션 때문에 통화의 가치가 떨어져도 통화가 계속 사용되는 것처럼 언어 자체의 가치가 하락해도 언어는 상호 관계를 유지하는데 중요한 매체로 남을 것이다.

우리가 사용하고 있는 모든 언어는 어떤 문제점을 조금씩은 가지고 있다. 그것은 바로 우리가 많은 정보를 가지고 있음에도 불구하고 그것을 모아 진리를 나타내는 문장으로 만들어내지 못한다는 것이다. 우주의 의미를 묻는 질문은 이제 사라져가고 있다. 그것은 지적인 비웃음거리가 되고 있다. '해체주의' 라는 철학 사조는 오늘날 많은 대학에서 주도권을 잡고 있다. 이것은 개인들의 의견과 힘을 통해 인간의 문학과 역사와 예술을 해체시키려 하고 있다. 해체주의자들에게 진리의 말이란 존재하지 않고 단지 단절된 언어들만 있을 뿐이다.

모든 지상 권력 위에 있는 말씀

우리에게 필요한 것은 더 많은 말들이 아니라 하나님의 말씀이다. 그 말씀은 범람하는 정보 밖에서 오는 권위 있는 통신 수단이다. 그 말씀은 우리를 자유롭게 할 수 있는 말씀 즉, 진리의 말씀이다. 이 진리는 우리를 구원할 수 있는 말씀이다. 그것은 개인적인 의미의 말씀이라기보다는 우주적인 의미의 말씀이다. 즉 하늘과 땅에 있는 모든 것들을 함께 연결해 주는 말씀이다. 그래서 그 말씀은 우리와는 전적으로 다른 한 분께로부터만 올 수 있다. 우리에게는 마틴 루터의 유명한 찬송 "천하의 권세 위에 있는 말씀"("내 주는 강한 성이요") 바로 그 말씀이 필요하다.

하지만 많은 사람들은 하나님 말씀 듣기를 중단하고 있다. 격변의 세기가 지난 후, 인간들은 하나님을 아주 멀리 계시는 분으로 느끼게 되었다. 배우 겸 감독인 우디 알렌Woody Allen의 영화 "사랑과 죽음"Love and Death을 보면 이런 대사가 나온다. "단 한 번만이라도 하나님께서 내게 말을 걸어 주신다면, 기침이라도 한 번 해 주신다면, 기적이라도 한 번 일으켜 주신다면, 만일 덤불을 타게 하시거나 바다가 갈라지는 것을 보여주신다면 아니면, 사샤 아저씨가 수표를 가져오게 하신다면"[3] 나 역시 이런 기분을 이해할 수 있다. 왜냐하면 하나님께로부터 어떤 확실한 암시를 받는다면 그것은 영적 생활을 확립하게 하는 견고한 기반이 될 수 있기 때문이다.

그러나 만일 우리가 우디 알렌과 한 패가 되어 하나님께서 색다르게 말씀하시기를 기다리고 있다면, 우리는 이미 분명하게 우리에게 주어진 말씀을 놓치게 된다. 엘리야가 발견한 것처럼 하나님께서는 바람, 지진 또는 불로만 말씀하시지 않고 침묵의 세계에서도 말씀하신다.[4] 이 말씀은 우리의 모든 의심을 비난하지 않고 우리를 믿음에 이르게 한다. 그 말씀은 겸손한 방법으로 우리에게 와서 우리로 하여금 성숙한 믿음 즉, 항상 순조롭지는 않더라도 점차적으로 더 깊은 확신을 향해 자라가게 하는 믿음을 얻게 한다.

겸손한 말씀

말씀은 하나님과 우리 자신에 관해서 우리가 알아야 할 필요가 있는 모든 것을 알려주고, 인생에서 들려지는 모든 말의 의미를 드러내 보여 준다. 이 말씀은 더 할 수 없는 영광의 자리를 버리시고 자신을 낮추어 수치스럽고 굴욕적인 죄인의 죽음을 택하신 한 분 안에서 분명하게 나타났다. 이 말씀은 그분께서 죽음에서 부활하심으로 그 진실성이 입증되었다. 그러나 이러한 신성은 모든 세상 사람들에게 가시적으로 드러나지 않았다. 즉 부활하신 주님은 몇 명의 사도들에게만 가시적으로 나타나셨다. 하지만 그 부활하신 주님은 사도들의 증언을 믿는 우리들에게도 불가시적으로 나타나신다.

그 말씀은 계속해서 겸손한 방법을 취하신다. 하지만 우리는 오해해서는 안 된다. 비록 그 말씀은 힘이 없어 보이지만 결코 그렇지 않다. "하나님의 미련한 것이 사람보다 지혜 있고, 하나님의 약한 것이 사람보다 강하니라"(고전 1:25). 갓난아이의 울음소리로부터 귀청을 터트릴 것 같은 핵폭탄의 소리에 이르기까지, 인간이 만든 모든 소리를 합해 인간의 자아 표현이라는 거대한 불협화음을 만들지라도, 그것은 하나님의 속삼임에도 비교될 수 없다. 왜냐하면 하나님께서 조용한 목소리로 내시는 말씀이라 할지라도 그 안에는 창조와 구속을 위해 필요한 모든 것들이 담겨있기 때문이다.

성경의 첫 번째 구절은 하나님께서 말씀으로 우주를 창조하셨다고 말하고 있다. 하나님께서 "빛이 있으라" 하시자 어두움에서 빛이 창조되었다. 즉 무에서 유가 창조되었다. "하나님께서 말씀하셨다 … 하나님께서 말씀하셨다 … 하나님께서 말씀하셨다." 하나님께서 말씀만으로 만물을 창조하셨다는 사실에 한 치의 의문도 남기지 않으려고 이 구절은 창조이야기에서 거듭거듭 반복된다. 당신은 결코 하나님께 "말은 적게 하고 행동을 많이 하십시오."라고 말씀드리지 못할 것이다. 왜냐하면 하나님의 말씀은 그 자체가 행동이기 때문이다. 시편 기자는 전 우주가 하나님의 입에서 나오는 그 숨결에 의해 형성되었다고 선포한다.[5]

이 말씀은 이스라엘 민족을 이루셨다. 그 말씀은 그들의 역사 안에 약속을 주셨다. 그리고 그들이 실패했을 때에도, 바벨론에서 비참한 포로생활을 할 때에도 그 말씀은 그들을 구원할 것이라고 약속했다. 예언자 이사야를 통해 하나님께서는 이렇게 말씀하셨다. "비록 네가 패한 것처럼 보이고 나 여호와가 너에게 고통을 가하는 침략자들의 신들보다 약하게 보일지라도, 너는 내가 하는 말을 믿어야 한다. 왜냐하면 비와 눈이 하늘에서 내려서 땅을 적셔서 싹이 돋아 열매를 맺게 하고 씨 뿌리는 사람에게 먹거리를 주고나서야 그 근원으로 돌아가는 것처럼 나의 입에서 나가는 말도 내가 뜻하는 바를 이루고 나서야 내가 하라고 보낸 이를 성취하고 나서야 나에게로 돌아올 것이기 때문이다."(사 55:9-11)

이 말씀이 육신으로 오셔서 우리 가운데 거하시게 되었다. 말씀은 하나님의 은혜를 알렸을 뿐 아니라, 구원의 사역을 이루었다. 말씀은 죄로 인해 파괴된 창조의 세계에 들어와 모든 것을 재창조하였고, 죽음을 이기고 영원을 향한 문을 넓게 열었다. 말씀은 단순한 한 가지 종류의 정보가 아니라 "좌우에 날선 어떤 검보다도 예리한"(히 4:12) 힘이다. 이 말씀은 결코 거짓 신들의 입에서는 나올 수 없고, 오직 전능하신 분만이 하실 수 있다. 하나님께서는 계속해서 우리에게 이 말씀을 하신다. 그것이 여전히 비천한 모습으로 우리에게 다가올지라도, 우리는 외적인 모습에 속아서는 안 된다. 이 말씀은 능력을 가지고 다른 모든 말에 의미를 부여한다.

우리는 어떻게 하나님의 말씀을 들을 수 있을까? 우리는 어떻게 이 말씀을 마음으로 들을 수 있을까? 사람들은 때때로 "하나님께서 내게 교회를 옮기라고 말씀하셨다" 또는 "하나님께서 내게 이 직장을 바꾸라고 말씀하셨다."라고 말한다. 그렇다면 하나님께서는 직접적으로 우리에게 이런 말씀을 하시는가? 아니라면, 우리는 어떻게 하나님의 음성을 들을 수 있는가? 우리는 하나님께서 우리의 일상 속에서 어떤 지침을 내리시는 것을 느끼곤 한다. 하지만 우리가 어떻게 하나님의 영과 우리의 욕망의 영을 구별할 수 있는가? 하나님께서 나를 새로운 교회로 인도하셨는가 아니면, 나 자신의 욕망이 그렇게 했는가? 하나님께서 내게 새로운 직장을 주셨나 아니면, 자기발전을 위한 나 자신의 욕망이 그렇게 했는가? 이러한 내부의 음성들은 우리의 주목을 끌기 위해 서로 다투고 있다. 그러므로 성경은 "영을 시험하고 영들이 하나님께로 왔는지 그렇지 않은지를 알지니"(요일 4:1)라고 말하고 있다.

감사하게도 하나님께서는 모든 내적 말씀을 판단할 수 있는 외적 말씀을 주셨다. 이 말씀은 태초 이래로 예수 그리스도를 통해 역사를 성취해왔다. 이것은 우리 밖에서 왔지만, 우리 안에서 하나님의 영이 하시는 것을 증거하기도 한다.

우리는 성령의 내적 자극이 결코 외적 말씀과 모순될 수 없다는 사실을 확신한다. 하나님께서는 한 분이시고, 성령께서는 말씀이 육신이 되라고 말씀하신 하나님과 연합하여 일하신다. 그러므로 우리의 모든 감정들, 직관들, 감각들, 경험들, 꿈들, 환상들 —모든 내적인 소리들— 은 외적인 말씀으로 평가될 수 있다.

그렇다면 오늘날 우리들은 하나님의 말씀을 어떻게 들을 수 있는가? 우리는 다양한 방법으로 하나님의 말씀을 들을 수 있을 것이다. 그 중에서도 우리가 하나님의 말씀을 들을 수 있는 가장 보편적이고 우선적인 방법은 성경, 설교, 성례전을 통하는 것일 것이다.

기록된 말씀

성경은 우리에게 주어진 하나님의 말씀이다. 우리는 이 말씀을 관념적으로 이해해서는 안된다. 이것은 천사들에 의해서 기록되어 하늘에서 떨어진 말씀이 아니다. 만약 이 책이 거룩한 하나님의 권위를 가지고 있고, "거룩한 성경"이라고 불릴 수 있다면, 그것은 하나님과 인간 사이의 역동적인 관계 때문일 것이다. 전적 타자이신 하나님만이 우리 밖에서 온 말씀 즉, 인간을 초월하고, 판단하고, 구원하는 말씀을 줄 수 있다. 이 말씀만이 우리를 우리 자신이 만든 거짓 신들로부터 구원할 수 있다. 그럼에도 불구하고 하나님께서는 사랑하시기 때문에 이 말씀은 자신을 제한하는 겸손한 모습으로 온다. 이 말씀은 우리를 압도하는 것이 아니라 우리를 계시 사건의 동반자가 되도록 부른다.

하나님께서는 인간에게 말씀하실 뿐 아니라 인간을 통해서도 말씀하신다. 그분께서는 의사소통의 채널로 특정 시대와 특정 장소에 살고 있는 평범한 사람을 사용하신다. 하나님께서는 말씀의 은혜에 사로잡혔던 예언자들과 사도들을 통해 말씀이 육신이 될 것과 하나님의 뜻을 말씀하셨다. 그들의 증거는 바로 하나님의 말씀이었기 때문에 그것은 창조와 구원의 능력을 가지고 있다.

약간 다른 방법으로, 살아 있는 말씀은 계속해서 겸손한 모습으로, 인간의 육체를 입고 그의 공동체가 기록한 말을 사용하여 우리로 하여금 하나님과 교제하도록 만드신다. 이 모든 일을 가능하게 하는 힘은 하나님의 성령이다. 이것은 예수 그리스도 안에 있는 충만한 힘이다. 이것은 예언자들과 사도들에게 영감을 불러 일으켜 하나님의 말씀을 전하고 기록하게 했던 힘이다. 이것은 우리에게 은혜를 주어 고대의 이야기를 하나님의 말씀으로 읽게 하는 힘이다.

인간과 하나님의 말씀이 거룩하게 혼합되는 것은 은혜의 기적이다. 성경은 성경의 역사적 기원과 권위의 문제에 대한 논쟁을 끊임없이 야기시켜 왔다. 즉 성경에서 어떤 것이 인간적인 것이고 어떤 것이 신적인 것인지에 대한 논쟁을 불러 일으켜 왔다. 이러한 논쟁에서 간과해서는 안 될 점은, 성경의 실제적인 능력은 어떤 특정한 신학에 의존하지 않는다는 점이다. 포사이스P. T. Forsyth는 이렇게 말했다. "성경 안에 있는 권위가 성경의 권위 이상이다. 이 권위는 구세주이신 역사적이고 현재적인 그리스도이다"[6] 교회는 하나님의 영감설을 발전시키기 보다는 오히려 한 권의 책으로 묶여진 66권의 성경의 권위와 충돌하였다. 이 과정은 역동적이었다. 엄밀히 말해, 성경은 스스로 형성되어 공동체의 생활에 자신의 권위를 주장해 왔다고 말할 수 있다.

성경은 지금도 그러한 일을 하고 있다. 찰스 스펄전은 이렇게 말했다. "당신이 성경을 변호하는 방법은 당신이 사자를 지키는 방법과 같다. 당신은 그것을 느슨하게 풀어 주어라" 하나님의 살아 있는 말씀을 전달하는 성경은 그 자체 내에 창조와 구속을 위한 능력을 지니고 있다.

목사로서 목회를 하는 동안, 나는 종종 이런 힘이 사람들의 삶 속에 역사하는 것을 목격하였다. 한 가지 예를 들어보겠다. 언젠가 한 여인이 내게로 와서 세례를 받고 싶다고 했다. 나는 그녀에게 왜 세례를 받으려고 하느냐고 물어 보았다. 그러자 그녀는 내 질문에 대답을 하기 시작했다. "저는 캘리포니아 대학교에서 정치학을 공부하는 학생입니다. 또한 사회주의자입니다. 제가 수강하는 과목 중 기독교에 대한 과제를 써 내야 하는 과목이 있었습니다. 그래서 저는 과제를 객관적으로 써내기 위해 신약성경을 읽게되었고 그것이 저를 변화시켰습니다. 저는 마르크스보다 훨씬 진보적인 인물인 예수 그리스도를 만났던 것입니다."

나는 항상 성경을 읽을 때 의심을 가지고 읽으려고 노력한다. 어떤 사람들은 천지창조 또는 동정녀 탄생과 같은 기독교의 진리에 대해 논쟁하기를 원한다. 일단 나는 이런 논쟁거리들이 매우 흥미 있는 주제가 될 수 있다는 사실을 인정한다. 하지만 나는 논쟁하기 전에 그들이 주제에 대한 기본적인 지식을 가지고 있는지 없는지 정도는 확인한다. 그래서 나는 이렇게 묻는다. "당신은 실제로 성경을 읽어 본 적이 있습니까?" 거의 대부분의 사람들은 성경을 읽어보지 않고 막연히 소문이나 주일학교 시절 배웠던 기억에만 의존하고 있었다. 그래서 나는 이렇게 말한다. "그러면, 마태복음을 읽어 볼까요. 우리 둘 다 마음을 열도록 합시다. 나도 성경의 문제점에 대해 마음을 열도록 노력할테니, 당신도 진리가 당신에게 말하려고 하는 것에 대해 마음을 열도록 노력하십시오." 내 말에 동의한 사람들은 모험의 길을 나서면서 놀라운 경험을 하게 되었다. 나는 사람들이 성경과 상호작용을 하면서 삶의 변화를 경험하는 기적을 수도 없이 많이 목격해 왔다.

문제는 사람들로 하여금 성경을 읽게 하는 데 있다. 지금도 성경은 계속해서 판매되고 있고, 어디에서나 발견될 수 있고, 스트레스를 해소하기 위한 도구로 사용되고 있기도 하지만, 진지한 독자를 잘 만나지 못하고 있다. 심지어 교회에 열심히 다니는 신도들조차 성경에 대해 무지한 경우가 다반사다. 성경공부는 자녀 교육이나 스트레스 극복방법과 같은 실제적인 주제를 다루는 토론이나 강의로 대체되어 버렸다. 목회자들조차 교회 성장을 위한 최신의 기술을 배우는데 혈안이 되어 성경적이고 신학적인 것을 제공하는 협의회에 참여하기를 꺼린다. 목회자에 대한 요구 다시 말해, 행정가, 기금 모금자, 상담자, 프로그램 개발자로의 요구의 증가는 성경을 연구할 소중한 시간을 거의 가질 수 없게 만든다.

많은 요인들이 성경을 소홀히 하는 데 기여했다는 사실은 의심할 여지가 없다. 우리 사회에서 드러나는 확실한 트랜드 중 하나는 바로 정보화 시대의 도래로 인해 책의 중요성이 계속해서 감소하고 있다는 것이다. 우리는 비디오 시대에 살고 있다. 닐 포스트만이 확신을 가지고 말한 것처럼 비디오 시대는 우리가 생각하는 내용뿐 아니라, 생각하는 방법까지 크게 변화시켰다. 우리는 더 이상 일차원적인 것을 경험하지 않는다. 대신 우리는 입체적인 실체들을 경험하고 있다. 그래서 우리는 열심히 연구하지 않으려는 경향을 가지게 되었다. 우리는 성경을 읽으면서 더 이상 성경이 말하고자 하는 것을 이해하기 위해 성경 용어를 붙잡고 씨름하지 않는다. 우리는 자신의 생각을 자극하기 위한 자료 내지는 개인적인 경험을 나누기 위한 수단으로 성경을 대한다.

미국인의 4분의 3은 스스로 기독교인이라고 말한다. 하지만 그들 중 13%만이 십계명의 구속력을 믿는다고 한다.[7] 이러한 현상을 어떻게 해석해야 하겠는가? 기독교에 대해 호감을 갖고 있는 사람은 많지만, 하나님의 말씀에 대해 관심을 가지고 있는 사람은 그리 많지 않은 듯하다. 이러한 경향으로, 기독교는 카페테리아식의 종교가 되어버렸다. 사람들은 자신의 취향을 만족시키려고 하나님을 경시하게 되었다. 사람들은 성경의 영성보다 자의식의 영성으로 치닫게 되었다.

이제 거짓 신들을 제거하고, 유일하고 참되고 거룩하신 하나님 안에서 신앙을 새롭게 하기 위해 교회는 말씀을 재발견하고, 창조적이고 구속적인 말씀에 마음을 새롭게 여는 일부터 시작해야 한다.

게르하르트 에벨링Gerhard Ebeling은 취리히 대학의 교수들에게 마틴 루터에 관한 강의를 하면서 이렇게 질문했다. "이전의 모든 개혁들과는 달리, 왜 루터의 종교 개혁은 말에 대한 개혁에 그치지 않고 행동에 대한 개혁이 되었습니까?" 그는 스스로 이렇게 대답했다. "루터의 종교 개혁은 말에 대한 개혁이 아니고 행동에 대한 개혁이었습니다. 왜냐하면 루터는 오직 말씀만을 신뢰하였고 행위를 전혀 믿지 않았기 때문입니다"[8]

줄리어스 히커슨Julius Hickerson은 미국에서 안락한 삶을 살고 있었던 장래가 촉망되는 젊은 의사였다. 그러나 그는 선교사로 헌신하라는 하나님의 부르심을 느끼고는 콜롬비아로 떠났다. 그는 선교지 사람들의 영혼의 회복, 육체의 회복을 위해 최선을 다해 일했다. 그의 친구들과 동료들은 그가 미쳤다고 생각했지만 그는 아랑곳하지 않고 사명에 충실했다. 그러나 그는 사역을 시작한지 2년의 시간이 흘렀는데도 눈에 보이는 성과를 거두지 못했다. 아마도 그는 절망감을 느꼈을 것이다. 그러던 어느 날, 그는 멀리 떨어진 마을에 보급품을 전해 주다가 비행기 추락사고로 목숨을 잃었다.

그러나 어떤 원주민들이 비행기 잔해 속에서, 자기들의 말로 잘 번역된 성경을 발견하였고, 그들은 그것을 읽기 시작했다. 그리고 읽은 내용을 다른 사람들에게 전하기 시작했다. 그러자 오래지 않아 교회가 시작되었다. 그 지역에 어떤 일이 일어났는지 잘 몰랐던 남침례교회는 이 지역에 선교사들을 파송했다. 선교사들은 이 지역이 완전히 복음화된 것을 보고 깜짝 놀랐다. 선교사들은 어떻게 이런 일이 일어났느냐고 묻자 그곳 사람들은 성경을 보여주었다. 그 성경 표지의 안쪽에는 줄리어스 히커슨이라는 이름이 적혀 있었다.[9]

하나님께서 기록하신 말씀은 결코 헛되이 돌아오지 않는다.

선포된 말씀

창조적이고 구속적인 하나님의 말씀은 성경의 선포를 통해 계속해서 그 사역을 이루어 나가고 있다. 선포는 다양한 방법을 통해 이루어진다. 즉 이웃에게 개인적인 간증을 하거나, 소그룹에서 나눔을 가지거나 학생들을 가르치면서 선포는 이루어진다. 하지만 가장 일반적인 선포의 방법은 바로 설교이다. 개인적인 경험을 나누거나 정보를 전달하는 것과 "주께서 이렇게 말씀하십니다."라고 권위있게 선언하는 것 사이에는 근본적인 차이점이 있다. 하나님에 의해 부름을 받고, 그 사역을 위해 회중에 의해 임명된 설교자는 하나님으로부터 말씀을 받아 이 말씀을 성령에 의해 부름 받아 함께 모여 있는 공동체에게 선포한다.

성경적인 설교는 말씀에 관한 정보를 전달하는 것 이상을 의미한다. 그것은 말씀 자체이고, 양 날이 선 검보다도 예리한 힘이고, 우주를 창조하고, 역사를 만들고, 진리를 말하고, 죄를 소멸하고, 죽음을 물리치고, 생명을 주고, 은총을 부여하는 힘이다. 이것은 하나님의 나라를 이루게 하는 말씀이다. 살아있는 말씀은 평범한 사람들의 설교를 통해 말씀하시는 겸손한 길을 계속해 가신다.

초대 교회에서 설교자는 말씀을 기록하기도 했다. 그것은 정말 대단한 일이었다. 하지만 성경 기록에 관한 사건은 여기서 언급하지 않기로 하겠다. 초기 기독교 공동체는 오순절 날 강림한 성령의 권능으로 예수에 관한 설교를 하기 시작했다. 어거스틴은 이렇게 말했다. "말씀을 설교하는 모든 사람"은 하나님의 음성이 된다. 칼빈은 이렇게 말했다. 하나님께서는 "당신의 음성이 그들 안에서 들려지게 하기 위해 사람의 입과 혀를 성별해 주셨다" 칼 바르트는 이렇게 말했다. "하나님께서는 스스로 말씀하신다."

이것이 모든 설교에서 사용되는 말이 직접 하나님의 입을 통해 나온 말을 의미하는 것일까? 물론 그렇지는 않다. 우리는 잘못된 설교를 듣기도 하고, 어떤 설교자는 잘못된 설교를 하기도 한다. 허크 핀Huck Finn은 농부이자 설교자인 펠프에 대해 이렇게 말했다. "그는 설교를 할 때마다 자신의 설교에 대해 사례를 요구했다. 그의 설교는 그만한 가치가 있었지만 그것은 왠지 부담스러운 일이었다." 사람들은 꽤나 많은 설교에서 종종 하나님의 음성보다는 펠프 씨의 목소리를 듣는 것처럼 보인다.

그러나 어거스틴, 루터, 칼빈 그리고 바르트가 한 말의 의미는 이것이다. 예수 그리스도의 복음을 선포하는 설교를 통해 하나님의 말씀은 생명을 구원하는 능력을 가지게 되고 사람들을 감동시키게 된다. 설교자의 연약함에도 불구하고, 또한 청중들의 연약함에도 불구하고, 하나님의 말씀은 역사하신다. 그래서 바울은 데살로니가서를 통해 이렇게 말했다. "이러므로 우리가 하나님께 쉬지 않고 감사함은 너희가 우리에게 들은 바 하나님의 말씀을 받을 때에 사람의 말로 아니하고 하나님의 말씀으로 받음이니 진실로 그러하다. 이 말씀이 또한 너희 믿는 자 안에서 역사하느니라"(살전 2:13). 바울은 복음을 부끄러워하지 않았다. 왜냐하면 복음은 구원을 위한 하나님의 능력이기 때문이다.[10] 제임스 데인은 다음과 같이 말했다.

말씀은 태초에 세상을 창조했던 것처럼, 믿음이 없었던 사람을 믿음을 통해 재창조함으로써 자신의 청중으로 만든다. 아무것도 더할 필요가 없다. 설교학적 기법이나 인위적인 기술은 복음을 효과적으로 전하는데 필수적인 것이 아니다.

복음은 그 자체의 방법으로 귀가 있어도 듣지 않으려는 사람에게 강력하게 역사한다. 복음은 새로운 마음을 창조하기 위해 돌과 같은 마음을 깨뜨린다. "나 여호와가 말하노라. 내 말이 불같지 아니하냐. 반석을 쳐서 부스러뜨리는 방망이 같지 아니하냐"(렘 23:29).[11]

설교자는 믿음과 의심이 반반 섞인 설익은 설교를 할 수도 있다. 청중은 가스가 가득 찬 배를 진정시키려고 애를 쓰고 있거나, 교회로 가는 도중 배우자와 싸워 짜증이 났을 수도 있다. 또한 의사에게 진찰을 받으러 갈 것을 걱정하고 있는 등 마음이 산란해 있을 수도 있다. 하지만 본회퍼의 말을 인용하자면, 복음이 선포될 때 그리스도께서는 스스로 인간 가운데로 걸어오신다. 이것이 바로 도처에서 반복되는 크리스마스의 기적이다. 그리스도께서는 스스로 인간의 옷을 입으셨으며, 인간의 혀로 말씀하시기 위해 천사의 언어를 버리셨다.

이것은 쉽게 일어날 수 있는 일이 아니다. 한때 거친 구유에 있을 때처럼 출산의 진통이 세련된 설교단에서 느껴진다. 하나님의 말씀을 설교하는 것은 설교자나 듣는 사람 모두에게 고통을 준다. 왜냐하면 전적 타자인 하나님의 말씀이 한 사람의 입을 통해 다른 사람의 마음속으로 흘러 들어가기 때문이다. 이 말씀이 인간의 마음에 혼란을 야기시키지 않을 수 없다.

1930년 1월 21일 역사적인 라디오 방송이 예정되어 있었다. 영국의 조지왕은 런던 군축 협상의 개회식 연설을 하기로 했고, 이로 인해 전 세계는 최초로 왕의 목소리를 듣게 되었다.

그러나 미국은 하마터면 그 기회를 노칠 뻔했다. 연설이 시작되기 몇 분 전, CBS 방송국 통제실의 스텝 중 한 명이 전선에 걸려 넘어지면서 전선을 끊어 놓았기 때문이다. 연결 작업은 쉽지 않았다.

작업 팀장인 헤롤드 비디안은 회로를 복구시키기 위해 끊어진 전선 한쪽을 한 손에 잡고, 다른 쪽 전선을 나머지 손에 잡았다. 250볼트의 전기 충격이 팔을 통해 몸으로 흘러 들어가는 것을 감수하고 그는 계속해서 그 선을 잡고 있었다. 결국 왕의 메시지는 미국에 전달될 수 있었다.[12]

이것은 설교 중에 일어나는 일을 설명해 주는 훌륭한 예화다. 전적 타자인 하나님의 말씀을 전하는 사람은 위험을 각오하는 편이 좋다. 영원과 순간, 초월과 내재, 하늘과 지상 사이의 교차로는 위험한 곳이다. 하나님께서 이러한 위험에 대해 무감각한 설교자로부터 우리를 구해 주시기를 바란다. 자신의 재능에 대해 자만하는 어리석은 설교자들, 하나님과 친밀해 지는 것이 쉽다고 생각하는 오만한 설교자들, 모든 것이 평탄할 것이라는 무모한 확신만을 전달하는 설교자들, 거룩하신 분 앞에서 고뇌와 두려움을 나타내지 않는 설교자들은 하나님의 말씀과 만날 수 없다. 그들은 다른 모습들을 발산하지만 그것은 헛수고다. 강대상을 쾅쾅 두드리고, 점잖은 음성을 지니고 있다 하더라도, 그들은 하나님이 아닌 하찮은 신들과 교류하고 있을 뿐이다. 칼 바르트가 말한 것처럼, 설교는 과감한 행위이다. 차라리 설교를 하고 싶지 않지만 그것을 피할 수 없는 사람만이 설교를 시도해야 한다.

루터는 이렇게 말했다. "설교는 어려운 과업이다. 내가 가끔 말했지만, 만일 선한 양심을 가진 사람이라면, 한 번의 설교를 하는 것보다는 차라리 한 번의 고문을 당하고 한 번의 돌을 나르는 편이 낫겠다고 생각할 것이다. 설교자들은 누구든지 항상 괴로움을 당한다. 그러므로 저주 받은 악마나 선하지 않은 사람이 설교자가 되어야 한다. 그러나 우리는 지금 이 싫은 일을 하지 않을 수가 없다. 만약 내가 이 사실을 미리 알았더라면, 24마리의 말들이 나를 끌고 가도록 내버려두지는 않았을 것이다."[13]

많은 청중들도 "고문을 당한다."는 것이 어떤 느낌인지 알 것이다. 설교를 듣는 것 역시 어려운 일이다. 적어도 그것은 돌을 나르는 일만큼은 어렵다. 그것은 집중 이상을 요구하는 어려운 일이다. 그것은 다른 세계 즉, 거룩한 세계에 집중할 것을 요구한다. 왜냐하면 이 세상의 소리들은 큰 음량으로 우리의 귀에 울려대고, 우리 자신의 자기중심적인 소리는 제멋대로 하겠다고 울어대는 버릇없는 아이들과 같다. 주의를 산란하게 만드는 이런 소리들 속에서 어떻게 우리가 하나님의 소리를 잘 들을 수 있겠는가?

스코틀랜드의 어떤 회중들은 예배 후에 설교자에게 "훌륭한 설교였습니다."라고 말하지 않고 차라리 "당신의 말을 잘 들었습니다."라고 말한다고 한다. 왜 그런 말을 했을까? 어지럽고 잡다한 생각들을 마음에 담으면서, 동료에 대해 가졌던 추한 생각들을 스스로 꾸짖으면서, 아름다운 자태를 한 존슨 부인을 바라보면서, 은행 잔고로 어떻게 청구 대금들을 지불할까를 걱정하면서 어떻게 설교를 잘 들을 수 있겠는가? 당신이 이 점을 고

려한다면, 누군가가 주일 아침에 설교자가 하는 말을 제대로 들을 수 있다는 사실이 오히려 이상하게 여겨질 것이다.

설교를 잘 듣는다는 것은 실로 기대하기 어려운 일이다. 하지만 우리를 위로하는 한 가지 사실이 있는데 그것은 바로 하나님의 말씀은 어떤 일이 있어도 당신의 일을 하신다는 것이다. 즉 거룩한 하나님의 말씀은 모든 장애물을 넘을 수 있는 충분한 힘을 가지고 있다.

몇 년 전, 나는 로마서 5장 15절~21절 말씀을 설교하면서, 어떻게 그리스도께서 인간의 상황을 근본적으로 바꾸셨는가를 말했다. 모든 인간은 아담의 불순종으로 인해 죄인으로 낙인이 찍혔으나 이제 모든 인간은 그리스도의 순종의 은혜로 인해 다시 의인으로 칭해지게 되었다. 그래서 우리는 인간의 관점으로 어느 누구도 판단할 수 없다. 그리스도께서는 심지어 우리가 좋아하지 않는 사람들을 위해서도 십자가에 달리셨고 부활하셨다. 나는 불법 이민자, 노숙자, 동성연애자를 예로 들면서 이 사실을 설명했다. 사실 그것은 고상할 것도, 예언자다운 것도 없는 설교였다. 다음 날 나는 교회에서 한 장로님과 담소를 나누었는데, 담소 도중 그는 내게 이런 말을 던졌다. "도날드 목사님, 저는 목사님의 어제 설교를 혐오합니다." 나는 평소 그 장로님에게 깊은 애정과 신뢰를 가지고 있었던 터라 그분의 말씀에 상처를 받았다.

그는 내가 못 들었다고 생각했는지 "저는 그 설교를 혐오합니다."라고 반복해서 말했다. "특히, 동성연애자들에 관한 부분은 정말 참을 수 없었습니다." 그의 목소리는 점점 더 커졌다. 그는 홀 아래 쪽 사무실에 있는 사람들도 다 들을 수 있을 만큼 큰 소리로 "저는 동성연애자들을 참을 수가 없습니다. 그래서 저는 목사님의 설교를 혐오합니다."라고 말했다.

잠시 침묵이 흘렀다. 그리고 나서 그는 부드러운 목소리로 이렇게 말했다. "그러나 말씀을 설교하는 것은 중단하지 마세요. 왜냐하면 전 그 말씀이 필요해요"

그 일이 있은 지 몇 주일 후, 예배 후에 나는 그가 교인 두 사람과 이야기하고 있는 것을 보았다. 그들은 동성연애자로 에이즈에 걸려 투병하고 있는 아버지와 아들이었다. 나는 그 장로님이 그들에게 무슨 말을 할지 걱정되었다. 무슨 일이라도 일어날 것 같은 불길한 감정까지 들었다. 그런데 그 순간 나는 그가 자신의 팔을 그리스도 안에서 형제 된 그들의 어깨에 올려놓고 기도하는 것을 보았다. 말씀이 역사했고 이로써 한사람이 변화되었던 것이다.

선포된 하나님의 말씀은 결코 헛되이 돌아오지 않았다.

극화된 말씀

우리는 성경과 설교를 통해 하나님의 말씀과 만난다. 또한 우리는 마음만 아니라 육신을 가지고 살아가는 존재이기 때문에 성례전을 통해서도 하나님의 말씀과 만나게 된다. 성례전은 불가시적 은총에 대한 가시적 징표이다. 즉 그것은 영적인 실체를 전달해 주는 물리적인 사건이다.

로마 가톨릭, 동방 정교회, 성공회는 7성례를 믿는다. 즉 그들은 세례, 성체성사, 견진성사, 고해성사, 종유성사, 혼배성사, 서품성사를 믿는다. 하지만 대부분의 개신교도들은 그리스도께서 친히 전 교회에게 명령했다고 믿는 세례와 성만찬만을 성례전으로 인정한다.

예를 들어 비록 개신교도들은 결혼을 성례전적인 특성을 가진 것으로 간주하기는 하나 진정한 성례전으로는 인정하지 않는다. 왜냐하면 결혼은 모든 인간들(단순히 교회만이 아니고)에게 주어진 것이고, 모든 믿는 자들(그리스도 자신은 독신이었다)에게 명령된 것은 아니기 때문이다. 개신교회들은 세례와 성만찬만을 성례전으로 인정하는데 큰 이견을 보이지 않고 있다. 그래서 개신교도인 나는 두 가지 성례전 즉, 세례와 성만찬만을 다루어 보고자 한다.

데일 부루너Dale Brunner는 이렇게 말했다. "성례는 하나님의 포옹이다. 하나님께서 몸소 우리에게 접근하시어 어루만지신다."[14] 세례와 성만찬(주의 만찬 혹은 성찬으로 불린다)은 물질적인 소도구 즉, 물과 빵과 포도주(어떤 교파에서는 쥬스)를 사용하여 실시하는 구원의 미니 드라마이다. 기독교인들은 자신들의 몸을 사용하면서 즉, 새신자를 씻겨주고 함께 먹고 마심으로써, 그리스도 안에서 이루어진 하나님의 은혜로운 구원 이야기를 재상연한다. 우리가 보고, 움직이고, 만지고, 맛보고, 냄새를 맡는 동안, 하나님께서는 창조적이고 구속적인 말씀을 다시 한 번 우리에게 하신다.

칼빈은 성례전을 하나님의 은총에 대한 "표적과 봉인"으로 보았다. 표적은 그 자체로부터 멀어져 있는 다른 어떤 것을 가리킨다. 세례는 그리스도의 죽음과 부활을 통해 죄로부터 깨끗케 되는 것을 증거한다. 주의 만찬은 우리를 위해 찢기신 그리스도의 육체와 우리를 위해 흘리신 그리스도의 피를 상기시킨다. 아울러 그것은 우리의 소망을 하나님 나라의 향연석에 두게 한다. 성례전은 성경과 설교를 통해 들었던 그리스도 안에서의 우리의 새로운 정체성을 다시 한 번 우리에게 말해 준다.

그러나 그것은 표적 이상의 것 즉, 봉인을 의미한다. 변호인과 공증인들이 있던 시대 이전의 광경을 그려보자. 왕은 뜨거운 왁스를 서류 위에 떨어뜨린 후, 왁스가 식으면 도장이 새겨져 있는 반지로 그곳을 눌러 각인을 새긴다. 종이 위에 쓰인 말은 이때부터 권위를 갖게 되고 권위를 행사하게 된다. 이와 유사하게 성령도 성례전을 사용하여 복음의 진리를 확실하게 한다.

우리는 믿음으로만 그리스도 안에서 주어진 하나님의 은총의 선물을 충만히 받는다. 성례전은 하나님의 완전한 선물을 얻기 위해 우리가 해야 하는 부가적인 '일'이 아니다. 성령께서는 우리가 하나님과 화해하였고 구원의 공동체로 받아들여졌다는 확신을 우리에게 주시기 위해 이러한 신앙의 표현들을 사용하신다. 이런 의미에서 이 미니 드라마는 은총의 수단이고, 거룩하신 하나님께서 우리를 거룩한 백성으로 변형시키시는 방법이다.

때때로 성례전은 상징으로 불렸다. 폴 틸리히의 말처럼 상징은 표적 이상이다. 상징은 자신이 가리키는 실제와 함께한다. 예를 들어 국기는 한 국가를 상징하기 때문에 사람들은 그것이 더럽혀지는 것을 원치 않는다. 그것은 국가의 지도(지도를 태우면 어떤 사람도 공격하지 않는다)보다 더 큰 의미를 가진다. 국기는 국가가 나타내는 것의 일부이다. 상징은 우리의 삶에 중요한 역할을 하므로 우리는 상징을 중시한다. 어떤 것도 하나님께서 거룩한 삶으로 들어가는 출입구로써 우리에게 주신 것보다 더 존중받을 수는 없다. 전적 타자이신 하나님께서는 우리의 유익을 위해 세례와 성만찬이라는 미니 드라마를 사용하신다. 그것은 하나님께서 당신 자신을 비천하게 낮추시는 행위이다.

물세례는 신앙 고백을 통해 그리스도인이 되게 하는 성례전이다. 제단 앞으로 나갈 수도 없고, 지역 교회의 교인 명부에 들어갈 수도 없는 우리가 기독교 신앙을 시작하는 성경적 표징으로 세례를 받는다. 우리는 세례를 통해 제자로서의 여정을 시작하게 되는데, 그것은 도착이 아니라 시작을 의미한다.

세례는 능동적인 면과 수동적인 면을 모두 가지고 있다. 세례를 받을 때 우리는 우리에게 행해지는 것에 우리 자신을 내어 맡긴다. 물에 잠기거나 물에 조금 적셔짐으로써 우리는 예수님과 하나가 되고 그분을 따르겠다는 소망을 드러낸다. 예수님께서는 공생애의 초기에 요한에게 세례를 받으셨다. 그분께서는 정결 의식을 통해 인간과 동일하게 되셨고, 하나님의 뜻에 완전히 복종하심을 보여 주었다.

그분께서 하늘로 올라가시기 전, 남긴 고별 명령은 "가서 … 모든 족속으로 제자를 삼아 아버지와 아들과 성령의 이름으로 세례를 주라"(마 28:19)는 것이었다. 따라서 우리는 그분께 순종하기 위해 세례를 주고 세례를 받는다.

교회마다 세례의 형식(완전히 물에 잠기게 할지 아니면 물만 뿌려야 할지)과 믿는 자들의 자녀에게 언제 세례를 줄 것인가 하는 문제에는 이견이 있다(자녀가 확실한 신앙을 가질 때까지 기다려야 하는가, 또는 그 부모의 신앙을 근거로 유아 때 세례를 주어야 하는가?). 이런 일들이 확실히 중요한 문제이긴 하지만 종종 세례의 깊은 의미를 왜곡시켜 온 부분도 있다.

물로 씻는 의식은 그리스도를 통해 우리가 깨끗케 됨을 의미하고 또한 우리의 진정한 정체성을 입증해 준다. 세례는 하나님의 말씀을 선포하는 것이다. 이 말씀은 결코 헛되이 돌아오지 않고, 하나님의 구원의 목적을 성취하기 때문에 세례는 그리스도와 우리의 관계를 효율적으로 보증하며, 우리를 예수와 또 그의 공동체와 연합시킨다.

바울은 로마에 있는 기독교인에게 이렇게 말했다. "무릇 그리스도 예수와 합하여 세례를 받은 우리는 그의 죽으심과 합하여 세례를 받을 줄을 알지 못하느냐. 그러므로 우리가 그의 죽으심과 합하여 세례를 받으므로 그와 함께 장사되었나니 이는 아버지의 영광으로 말미암아 그리스도를 죽은 자 가운데서 살리심같이 우리로 또한 새 생명 가운데서 행하게 하려 함이니라"(롬 6:3-4).

경고하건대 세례는 위험한 것이다. 세례를 아이들에게 가볍게 말하는 감상적인 의식 또는 교회에서 선거권을 행사하게 되는 청년기의 통과 의식쯤으로 경시하였던 우리의 문화 풍조로는 이 점을 결코 이해할 수 없다. 무엇보다도 세례는 과거의 죄 많은 자신으로부터 돌아서서 그리스도의 죽음과 나 자신의 죽음을 동일시하는 "죽음으로서의 세례"이다. 루터는 세례를 "물에 빠짐으로 겪는 죽음"이라고 말했다.

윌 켐벨Will Campbell은 자신이 강에서 세례 받은 이야기를 했다. 그의 부모는 그가 세례를 받을 때 멋있게 보이게 하려고 유명 회사의 옷을 주문하기까지 했다.

윌의 형 조는 우려의 시선으로 강둑에 서서 설교자가 사람들에게 세례를 주는 것을 지켜보고 있었다. 윌의 차례가 다가오자 그는 윌의 안전을 걱정하게 되었다. 그래서 그는 진흙 둑 아래로 미끄러져 내려가 윌을 잡고 이렇게 말했다. "윌, 그들이 너에게 이 일을 하지 못하게 해. 세례를 받다가 죽을 수도 있어."

윌은 "그것이 바로 이 중요한 사실을 깨닫는 데 30년이 걸렸어"[15]라고 말했다. 한때 침례 교도들은 세례를 '수장'이라고 생각했다. 그들의 생각 속에는 세례의 의미가 집약되어 있었다. 우리는 세례를 받음으로써 그리스도와 함께 장사되었고 "그리하여 마치 그리스도가 죽음에서 부활하신 것처럼 … 우리도 새 생명의 길을 걷게 될 것이다." 성례전은 단순한 물 뿌림 이상을 의미한다. 그것은 우리를 그리스도의 표적에 흠뻑 젖게 하고, 거룩함의 낙인을 찍는다. 성례전은 전적 타자이신 하나님 안에서 그분을 위해 살아가는 우리에게 영원을 약속한다.

성만찬은 계속적으로 자양분을 공급하는 성례전이다. 믿는 자들이 제자가 되기 위한 여정을 시작할 때 베푸는 세례와는 달리, 우리는 자양분을 얻기 위해 거듭하여 주의 만찬 자리에 모인다. 바울은 고린도 교인들에게 다음과 같이 편지했다.

내가 너희에게 전한 것은 주께 받은 것이니 곧 주 예수께서 잡히시던 밤에 떡을 가지사 축사하시고 떼어 가라사대 "이것은 너희를 위하는 내 몸이니 이것을 행해 나를 기념하라" 하시고 식후에 또한 이와 같이 잔을 가지시고 가라사대 "이 잔은 내 피로 세운 새 언약이니 이것을 행하여 마실 때마다 나를 기념하라" 하셨으니 너희가 이 떡을 먹으며 이 잔을 마실 때마다 주의 죽으심을 오실 때까지 전하는 것이니라(고전 11:23-26).

성만찬에 대해서도 교회는 의견이 엇갈리어 분열되는 어려움을 겪어 왔다. 예를 들어 "이것은 내 몸이다"는 말을 어떻게 이해해야 할까? 문자 그대로 이해해야 할 것인가? 아니면 상징적으로 이해해야 할 것인가? 가톨릭은 빵과 포도주가 확실히 그리스도의 몸과 피로 변한다고 주장하며, 어떤 개신교도들은 그리스도께서 실제로 빵과 포도주에 임재하시기는 하나 영적인 의미로만 임재하신다고 주장하며, 또 어떤 개신교도들은 그리스도께서 만찬의 주인으로서 먹고 마시는 모든 행위 동안 함께 계신다고 주장한다. 이런 차이점들이 성만찬의 본질적인 통일성을 훼손시켜서는 안된다. 교회는 항상 성만찬을 우리가 믿음으로 참여할 때 그리스도와 깊은 교제를 맺을 수 있게 해주는 것이라고 선포해야 한다.

비록 일 년에 몇 번(어떤 교파에서처럼) 행하든지 예배 때마다 (또 어떤 교파에서처럼) 행하든지, 우리는 성만찬을 행할 때마다 "그가 다시 오실 때까지 주의 죽으심을 선포한다." 우리는 하나님의 말씀을 알리고, 그 말씀이 우리에게 역사하는 단막극에 참여한다. 이러한 단막극을 통해 살아 있는 말씀은 우리에게 과거와 미래를 보여 준다. 예수 그리스도께서는 당신의 식탁에서 우리를 위해 죽으셨다는 사실과 하나님과 세상을 사랑하시어 당신의 생명을 제물로 드리셨다는 사실을 우리에게 상기시키신다. 또한 당신께서 지상에 계실 때 행하셨던 사역들이 언젠가 당신께서 다시 오실 때 온전히 성취될 것이며, 그때 우리는 하나님 나라의 잔칫상에서 함께 먹고 마시게 될 것이라는 사실을 상기시키신다.

물리학자들은 시간을 상대적인 개념이라고 말했는데 우리가 성만찬을 할 때보다 더 이 말이 사실적으로 느껴질 때는 없을 것이다. 과거와 미래는 죽음처럼 영원 속으로 사라지고 주의 재림은 우리에게 현실로 다가온다.

전적 타자이신 하나님께서는 성만찬을 통해 우리를 거룩함으로 인도하신다. 성만찬은 고독한 자기 몰입 상태에 있는 우리를 불러 예수 그리스도와 교제를 나누도록 한다. 세상을 위해 자신의 생명을 주셨던 식탁의 주인은 이제 그의 성령을 우리에게 부어주셨다. 그리고 성부와 성자를 하나로 묶는 사랑의 띠는 새로운 공동체 안에서 우리를 하나로 묶는 사랑의 띠가 되었다.

내 친구 우디 가빈은 목사로서의 처음 1년을 북 캘리포니아에 있는 인디언 보호 구역에서 본토 원주민들과 함께 보냈다. 그는 이 교회에서 성장한 젊은이 두 명에 관한 이야기를 들려주었다. 짐 브라운은 홀어머니 마리 밑에서 자랐다. 그는 약간의 정신적 결함을 가지고 있었으나, 우체국의 야간 청소부로 최선을 다해 일했으며, 나중에는 작은 교회의 장로까지 되었다.

이에 비해, 로비 보이드는 홀아버지인 조지 밑에서 자랐다. 그는 짐과는 다르게 교회를 떠나 심하게 술을 마셨고, 불량배들과 어울려 지냈다. 그러던 어느 날 그와 그의 친구들은 브라운을 괴롭히려고 우체국에 갔다가 그만 그를 죽이고 말았다.

이런 일이 일어난 후, 예상대로 두 집안은 모두 교회를 떠났다. 그리고는 몇 년이 지난 후, 마리 브라운은 다시 교회로 돌아왔다. 그리고 조지 보이드도 다시 교회로 돌아왔다. 어느 주일날 조지는 예배 시간에 늦게 와서 앉을 자리를 찾다가 마리의 옆자리 하나만 비어 있는 것을 보고는 그 자리에 앉았다.

그 날 마침 교회에서는 성만찬이 거행되고 있었다. 우디 목사는 빵과 포도주를 돌리면서 무슨 일이 일어날까 궁금해 했다. 조지가 마리에게 빵을 건네면서 "그리스도의 사랑이 당신과 함께 하기를"이라고 말하자, 그녀도 "그리고 당신과 함께 하기를"이라고 대답했다. 조지가 또 마리에게 잔을 건네면서 "그리스도의 평안이 당신과 함께 하기를"이라고 말하자 그녀는 "그리고 당신과 함께 하기를"이라고 응답했다.

하나님의 극화된 말씀은 결코 헛되이 돌아오지 않는다.

우리 가운데 거하시는 말씀

성경과 설교와 성례 속에 거하시는 하나님의 말씀은 우리 가운데 창조적이고 구속적인 역사를 진행시킨다. 하나님의 말씀은 하나님의 말씀을 듣기 위해 기다리고 있는 문화의 침묵 속에 진리를 선포한다. 전적 타자인 하나님의 입에서 나오는 말씀은 우리의 죄와 우리 자신을 위해 만든 사이비 신들을 심판하고 사형에 처한다. 그러나 이것은 은총의 심판이기 때문에, 그 말씀은 우리를 구원하고, 이웃과 거룩한 하나님과의 친교를 통해 새 생명을 창조한다.

교회는 세상을 외면하는 분리주의나,
그 자체의 순결성을 강조하는
도덕주의를 통해서가 아니라, 자기 자신을 내어주는 사랑
즉, 다른 사람들, 특별히 세상에서 소외된 계층,
외롭고 약하고 고통 받는 사람들의
필요를 채워주는 사랑을 통해서 그 거룩함을 드러내게 된다.
그리스도의 신부는 신랑으로부터 축복 받은
탕자와 같은 사랑스럽지 못한 자들에게도
자신의 사랑을 나누어주어야 한다.

10. 사랑의 공동체

우리는 하나님을 손쉽게 다룰 수 있는 신으로 격하시킨 첫 번째 세대는 아니다. 그러나 분명 우리는 하나님에 대한 경외감을 상실하고, 하나님의 침묵에 조바심을 내며, 극단적인 개인주의가 팽배한 시대에 살고 있기 때문에, 다른 어떤 세대보다 훨씬 하나님을 경홀히 여기는 죄에 빠지기 쉽다. 우리는 우리의 욕망에 따라 신들을 만들고, 그 신들 앞에 거리낌 없이 절을 한다. 우리는 나의 목적에서 비롯된 신, 나의 이해에서 비롯된 신, 나의 체험에서 비롯된 신, 나의 안락을 위한 신, 나의 국가를 위한 신, 나의 성공을 위한 신을 창조하고 그것들을 섬기고 있다.

우리의 병은 강한 효과가 있는 존경할 만한 불가지론이라는 약을 필요로 한다. 우리 힘으로는, 하나님의 진정한 본성을 발견할 수 있는 영적 수준에 올라갈 수 없음을 인정해야만 한다. 왜냐하면 죄가 우리의 판단력을 흐리게 해서 우리를 무지 속에 가두어 놓았기 때문이다. 우리의 유일한 희망은 예수 그리스도 안에서 은혜로 우리에게 주신 하나님의 자기 계시에 주의를 집중하는 것이다. 그럴 때 우리는 우리 자신을 위해 만든 신들과는 근본적으로 다른 거룩하신 하나님을 발견할 수 있게 될 것이다.

하나님의 거룩함은 하나님이 창조물과는 완전히 구별되고 분리된 존재임을 의미한다. 그러나 관심을 예수 그리스도께 집중하면 우리는 하나님의 타자성은 분리된 존재로 남으려는 의도가 아니라 하나님의 은혜로 우리를 인도하여 하나님과 사랑의 친교를 맺도록 하기 위한 열정적인 소망인 것을 알 수 있다. 전적 타자란 바로 사랑의 관계 안에서의 타자인 것이다. 이런 의미에서 우리는 하나님의 은총의 팔에 붙들려 있으며, 또 앞으로도 영원히 그럴 것이라는 확신을 가지고 거룩하신 하나님을 신뢰할 수 있다.

창조의 중심이신 하나님께로 돌아설 때, 우리는 새로운 공동체가 된다. 경외심이 부족한 세상에서 우리는 경건한 예배를 드리도록 우리를 격려하시는 전적 타자이신 하나님을 만나게 된다. 신성한 침묵을 애도하는 세상에서 우리는 우리를 위해 창조와 구속의 말씀을 하고 계시는 하나님의 음성을 듣게 된다. 이 말씀은 전혀 뜻밖의 방법들 즉 성경, 설교, 성만찬 등을 통해 우리와 만나게 된다. 우리는 이런 것들을 그저 연약한 것들이라고 치부해서는 안 된다. 왜냐하면 말씀은 우주를 존재하게 하고 생명을 보존, 변화시킬 수 있는 힘을 자기 자신 안에 지니고 있기 때문이다.

그렇다면 우리에게 어떤 변화가 일어나야 하는가? 간단히 말해 "하나님은 우리가 거룩하게 되기를 원하신다." 베드로전서에 의하면 교회는 거룩한 제사장이 되도록 창조되었으며(2:5) "거룩한 나라"(2:9)라는 진리 위에 세워졌다. 에베소서는 하나님의 은총에 대한 찬가로 "창세전에 우리로 사랑 안에서 그 앞에 거룩하고 흠이 없게 하시려고"(1:4) 우리를 그리스도 안에서 택하셨다고 선언한다. 하나님께서 예수 안에서 우리를 택하신 목적은 하나님 앞에서 우리를 거룩하게 만드시려는 것이다. 하나님의 거룩함은 창조물로 하여금 거룩한 응답을 하게 하신다. 거룩한 말씀은 거룩한 반향을 불러 일으킨다. 그 거룩한 응답은 바로 예수 그리스도의 공동체인 교회이다.

교회가 거룩하게 된다는 것은 무엇을 의미하는가? 우리가 하나님의 거룩함을 이해하게 되면 이 문제를 이해할 수 있게 되는데, 왜냐하면 하나님의 백성들이 어떻게 해서든지 하나님의 존재에 참가하게 되면 그들 또한 거룩하다고 유추할 수 있기 때문이다. 교회는 거룩함에 관한 두 가지 전통적인 견해 중 한쪽에 의존해 온 경향이 있다. 다시 말해, 교회의 거룩함은 흔히 종교적이거나 윤리적인 면으로 설명되어 왔다.

구별된 교회

'거룩하다'는 말은 본래 "평범한 용도에서 떨어져 나와 분리된 것"을 의미한다.[1] 이 말의 초기 종교적 의미는 "인간 세계의 위대한 이방인"이었다.[2]

어떤 이들은 교회의 거룩함을 이런 맥락에서 이해해 왔다. 즉 그들은 교회가 자신을 인간 세계와 분리하기 때문에 거룩하다고 믿었다. 20세기 북미의 근본주의자들이 이에 대한 명확한 예를 제시하고 있다. 조지 마스덴George Marsden은 이렇게 말했다. "내부의 개혁으로는 북미의 주요 교단에서 확산되고 있는 모더니즘을 막을 수 없게 된 1930년대 경, 더욱 더 많은 수의 근본주의자들은 미국의 주요 교단들로부터 분리되는 작업을 시작했다. … 어떤 근본주의자들은 철저한 원리에 입각한 분리를 주장했다."[3]

근본주의자들은 "믿는 자와 믿지 않는 자가 어찌 상관하며 … 그러므로 주께서 말씀하시기를 너희는 저희 중에서 나와서 따로 있고 부정한 것을 만지지 말라"(고후 6:15, 17)는 바울의 훈계를 상기시키면서, 자기들이 보기에 교리적으로 흔들리고 있는 교단들뿐 아니라 주변 문화와 그들 자신을 엄격하게 구별하였다. 그래서 거룩함이란 자기 자신을 세상과 구별시키는 폐쇄적인 방식과 "무엇인가를 하지 말 것"이란 부정적인 방식으로 정의되어왔다. 이런 금지 사항 중 어떤 것들은 매우 사소한 것들이었다. 예를 들면 기독교인들은 담배를 피우지 말 것, 춤을 추지 말 것, 노름을 하지 말 것, 영화를 보러 가지 말 것 등이 여기에 해당되었다. 비기독교인들은 이러한 행동을 해도 그들만은 그런 행동을 하지 않았다. 한 잔의 술을 마시는 것이나 "멋진 인생"이란 영화를 감상하는 것에 반대하는 성경적 근거를 만들기 위해 상당히 많은 독창적인 성구가 사용되었지만, 중요한 것은 이것들이 윤리적인 측면과는 거의 관련이 없었고 세상과 분리되는 것과 관련이 많았다는 것이다.

    내가 성장한 교회는 특별히 엄격하지 않았음에도 불구하고 나는 3학년 급우들이 호키포키 춤을 배우는 동안 옆방에 앉아 있었다. 나는 부모님께서 써 주신 쪽지 덕에 이 같은 세상적인 행동을 면제 받은 대신, 엘리자베스와 함께 레코드판을 틀어 주어야 했다. 그녀는 노르웨이 말투를 쓰고 남자 아이들을 때리는 평범한 아이였지만, 오순절 교회의 일원이었다. 친구들과 함께 하지 못함이 아쉬웠는지, 아니면 엘리자베스와 함께 있는 것이 더 두려웠는지 기억할 수는 없지만, 나는 용감하게 근본주의자의 십자가를 졌다. 나는 디즈니 영화를 상영하는 극장을 단짝 친구들과 토요일 오후에 가도 되는지를 부모님께 물어 볼 엄두도 내지 못했다. 그런데도 나는 이런 일을 결코 비참하게 생각하지 않았다. 왜냐하면 나는 기독교인이었고, 기독교인은 어떤 일들은 하지 않아야 했기 때문이다.

    어린 시절의 이런 경험들은 현재의 나의 나약함, 특히 부모로서의 실패의 이유가 될 수도 있다. 어쨌든 나의 내면이 이러한 경험을 박탈당함으로써 상처를 입었던 것은 의심할 여지도 없다. 그러나 나는 부모님을 원망하지는 않는다. 나의 부모님은 단지 당시의 기독교인들이 가지고 있었던 기준들을 따랐을 뿐이다. 그들은 오히려 내게 큰 선물을 주었다. 그들은 어릴 때부터 나에게 기독교인은 세상과 구별되어야 한다는 것을 가르쳐 주셨으며, 예수님의 제자들은 세상 사람들과는 다르게 살아야 한다는 신념을 뼛속 깊이 간직하도록 일깨워 주셨다.

하지만 성경적으로 볼 때, 거룩은 분명 구별을 의미하고는 있지만, 세상을 멀리하는 분리주의를 뜻하는 것은 아니다. 거룩함의 근원은 분리를 원치 아니하시는 그분의 뜻 속에서 역설적으로 구별되시는 거룩하신 하나님이다. 분리주의를 목적으로 하는 공동체는 세상으로부터 분리되어 있을 뿐 아니라, 세상을 사랑하시어 독생자를 보내시고 세상을 구원하시는 하나님과도 분리되어 있음을 보게 된다.

도덕적으로 정결한 교회

교회는 교회의 거룩함을 죄로부터 해방되어 도덕적으로나 윤리적으로 정결한 것이라고 보아 왔다.

이러한 논리의 난점은 교회가 결코 죄로부터 자유롭지 못하다는 분명한 사실에 있다. 비록 우리는 믿음으로는 교회가 그리스도의 의로움의 영광스러운 의복을 입고 있다고 믿지만, 실제로는 교회가 찢겨지고 더러워진 불의의 누더기를 걸치고 있는 것을 본다. 그래서 거룩함은 '대체로'의 문제로 보아야 한다.

칼빈은 교회가 날마다 더 큰 완전함을 향해 나아간다는 의미에서 교회가 거룩하다고 믿었다. "교회는 날마다 나아져 가고 있지만 아직 거룩함의 목표에는 도달하지 못했다."[4] 하나님께서는 거룩함을 객관적이고, 종말론적인 의미에서 인정해 주셨는데, 교회는 부분적으로만 거룩함을 경험하고 있다. "교회의 주름과 얼룩이 닦여지고 있는 것은 사실이지만, 이것은 예수님께서 이 땅에 오시어 남아 있는 것을 완전히 제거할 때까지 계속해야 하는 일상의 과정일 뿐이다."[5]

존 매쿼리 John Macquarrie 는 더욱 현대적인 표현을 사용하여 이러한 접근을 했다. 즉 거룩함이란 "'대체로'를 의미한다. 교회는 거룩하기보다는 거룩하지 못한 경우가 많다."[6] 거룩함이란 무엇을 의미하는가? 거룩함은 성육신하신 그리스도께서 교회와 세상에 계시도록 하는 것을 의미한다.[7] 이러한 거룩함은 본질적으로 윤리적인 결과를 초래한다. 교회가 항상 적당한 도덕적 기준에 따라 살지는 못하겠지만, 사람들은 결국 실패보다는 성취가 더 많을 것이라고 소망한다.[8]

그러나 거룩함을 윤리적 행위로 이해하는 것은, 거룩함을 도덕주의로 격하시키는 것이다. 하나님의 구별되심이라는 종교적 차원의 시각을 상실하면, 당신은 초월성을 규제된 행동이라는 수평적 차원으로 비하시키게 될 것이다. 이렇게 되면 거룩함의 본질에 관한 성경의 많은 내용을 무시하는 것이 될 뿐 아니라, 기독교인의 삶을 안전하고 마음대로 조정할 수 있는 것으로 변질시키게 된다. 왜냐하면 율법적인 잣대가 거룩한 하나님의 강한 자극을 왜곡시키게 되기 때문이다.

우리가 거룩함을 부정한 것에 반대되는 개념으로 보려고 한다면, 다음과 같은 질문을 해야 한다. 어떤 종류의 저울을 가지고 판단해야 하는가? 어떤 가치 기준을 저울대 위에 놓을 것인가? 부정한 행위를 상쇄시키기 위해 얼마나 많은 윤리적 행위가 필요한가? 이러한 질문 속에 함축된 율법주의는 칼빈이나 매쿼리의 신학에서는 찾아볼 수 없다. 이러한 질문들은 우리가 윤리적인 용어들로 거룩함을 정의하려 할 때 처하게 되는 미끄러운 경사길이다. 이 경사의 밑바닥에는 도덕주의라는 수렁이 있다. 우리가 인간의 지혜라는 가지들을 움켜쥘 수 있을지는 몰라도 그 가지들은 너무 약해서 그 수렁에서 우리를 구해줄 수는 없을 것이다.

교회에 준 하나님의 선물인 거룩함

교회의 거룩함이란 어떤 것일까? 거룩함은 하나님의 거룩함으로부터 오는 것이기 때문에 분리주의나 도덕주의로 비하될 수 없다. 하나님께서는 분명 전적 타자이시지만, 누군가를 '위해서'라는 역설적 의미에서의 타자이시다. 다시 말해 분리를 극복하기 위한 열정적인 사랑 속에서만 하나님께서는 분리되어 계시는 것이다. 그러므로 교회의 거룩함은 두 가지 측면으로 이야기될 수 있는데 하나는 하나님께서 거룩하시기 때문에 교회도 거룩하다는 것이고 다른 하나는 하나님께서 거룩한 것처럼 교회도 거룩하다는 것이다.

하나님의 거룩함은 교회의 거룩함을 보장한다. 하나님을 우리와 구별되게 하는 것은 우리를 분리되지 않게 하시는 하나님의 사랑이다. 이 사랑은 예수 안에서 하나님과 화목하게 했고, 성령 안에서 신앙과 예배의 공동체를 이루게 하기 위해 우리를 자유하게 한 사랑이다. 그 뿐 아니라 이것은 창조적이고 구속적인 말씀을 통해 우리의 일상의 삶 속에서 역사하는 사랑이다. 교회는 하나님께서 거룩한 타자임에도 불구하고 존재하는 것이 아니라, 하나님께서 거룩한 타자이시기 때문에 존재한다.

거룩함과 은혜는 결코 분리될 수 없다. 그러므로 교회는 교회의 생명의 한 부분을 지적하여 "교회는 거룩하고 의롭다."라고 말하거나(마치 은혜가 필요 없는 것처럼), 또 다른 한 부분을 지적하여 "교회는 전혀 거룩하지 않다."라고 말할 수 없다. (그래서 은총이 필요한 것처럼) 교회는 예수 그리스도의 몸이며, 그분을 통해 존재하게 되었으며, 그분의 주권 아래 놓여 있으며, 하나님의 은혜를 몸소 구현하고 있기 때문에 전적으로 하나님의 은혜와 거룩함의 영역으로 들어와야 한다. 교회 자체는 죄가 있지만 교회는 그 자체로 존재하는 것이 아니다. 교회는 주님 안에서 존재하는 것이다.

교회의 거룩함의 정확한 속성은 외부의 윤리적 기준으로는 알 수도 측정할 수도 없다. 오로지 하나님만이 거룩함의 정의를 내릴 수 있다. 따라서 교회의 거룩함을 이해하려면 우리는 신성하고 거룩하신 분 즉, 예수 그리스도께 눈을 돌려야 한다. 하나님의 독특한 속성은 예수님 안에 나타났다. 그래서 우리는 예수님을 통해 은혜로우신 사랑의 하나님을 발견할 수 있다. 그러므로 교회의 거룩함은 분리주의나 도덕주의로 이해될 수 있는 것이 아니고, 오직 세상을 향한 사랑으로 이해될 수 있는 것이다.

교회가 예수 그리스도에 대한 믿음과 성령의 능력 안에 거할 때, 교회는 거룩해진다. 교회는 세상과 구별된다. 하나님께서 교회에 거룩함을 부여하시게 되면, 교회는 항상 눈에 보이지는 않더라도 그 본질상 구별되게 된다. 그러나 교회의 구별됨을 분리주의와 혼동해서는 안 된다. 왜냐하면 교회의 구별됨은 거룩한 분께로부터 비롯되기 때문이다. 그분께서는 "근본 하나님의 본체시나, 하나님과 동등됨을 취할 것으로 여기지 아니하시고, 오히려 자기를 비어 종의 형체를 가져 사람들과 같이 되었고, 사람의 모양으로 나타나셨으매 자기를 낮추시고 죽기까지 복종하셨으니, 곧 십자기에 죽으신"(빌 2:6-8) 분이시다. 교회는 주님처럼, 누군가를 '위한' 전적 타자이며 사랑 안에서 세상과 구별된다.

사랑의 공동체

인간의 마음속에 자리 잡은 자아중심주의와 현대 문화 속에 고착된 개인주의는 고독을 만들어 낸다. 그리고 이 고독은 구조해줄 것을 목 놓아 요청한다. 제임스 볼드윈James Boldwin은 한 젊은이를 묘사하면서 이 고통의 절규를 다음과 같이 기술하고 있다.

팻스 윌러의 말처럼, 무허가 술집 안은 떠들썩했다. … 마지막에는 색소폰 연주자의 멋진 솔로 연주가 있었다. 그는 저지나 시라쿠스 같은 비천한 도시 출신이었다. 그는 어딘가에서 자신의 출생 내력을 색소폰으로 이야기하고 있었다. 그는 다리를 벌리고 서서, 좁은 가슴에 힘껏 숨을 불어넣으며, 20여 년 간의 넝마주이 같은 생활에 진저리를 내며, 색소폰으로 절규를 하고 있었다. "나를 사랑하십니까?" "나를 사랑하세요?" "나를 사랑하세요?" 다시 계속해서 "나를 사랑하세요?" "사랑합니까?" "당신은 나를 사랑하느냐 말입니다." 라고 외쳤다.

그 젊은이는 전력을 다해 똑같은 구절을 끊임없이 되풀이했다. … 그가 던지는 질문은 오싹할만큼 처절한 것이었다. 그는 자신의 지나간 짧은 인생을 폐와 창자로 연주하고 있었다. 과거 빈민가나 뒷골목에서 갱과 벌였던 싸움 … 먼지투성이 창고에서 마리화나를 피우거나 마약 주사를 맞던 일, 쾨쾨한 냄새가 나는

지하실에서 회복될 수 없을 만큼 두들겨 맞던 일, 이런 일들은 아무도 믿고 싶지 않은 것들이다.

　　나를 사랑하세요? 나를 사랑하세요? 나를 사랑하세요? 스탠드에 앉아 있는 사람들은 거리를 두고 냉담하게 그의 물음에 뭔가를 덧붙이기도 하고 질문을 던지기도 했다. … 그러나 그들은 그 젊은이가 자기들 모두를 위해 색소폰을 불고 있다는 사실을 잘 알고 있었다.[9]

　교회는 이 젊은 남자의 질문에 대답해야 한다. 교회가 복음을 선포함으로써, 예수 그리스도를 통한 하나님의 사랑을 가르쳐 주고 그에게 "그렇습니다. 하나님께서는 당신이 생각하는 것보다 훨씬 더 당신을 사랑하십니다. 하나님께서는 당신을 결코 내버려두지 않을 것입니다"라고 말할 수 있어야 한다. 교회는 하나님의 사랑 안에서 존재하고 그 사랑에 의해 존재한다. 교회의 생명은 거룩한 하나님께로부터 오는 것이기 때문에, 교회는 방탕한 자들에게 사랑의 동반자가 된다.

　사랑하는 자들아, 우리가 서로 사랑하자. 사랑은 하나님께 속한 것이니, 사랑하는 자마다 하나님께로 나서 하나님을 알고, 사랑하지 아니하는 자는 하나님을 알지 못하나니, 이는 하나님은 사랑이심이라. 하나님의 사랑이 우리에게 이렇게 나타난바 되었으니, 하나님이 자기의 독생자를 세상에 보내심은, 저로 말미암아 우리를 살리려 하심이니라. 사랑은 여기 있으니 우리가 하나님을 사랑한 것이 아니요, 오직 하나님이 우리를 사랑하사, 우리 죄를 위하여 화목제로 그 아들을 보내셨음이니라. 사랑하는 자들아, 하나님이 이같이 우리를 사랑하셨으니, 우리도 서로 사랑하는 것이 마땅하도다. 어느 때나 하나님을 본 사람이 없으되, 만일 우리가 서로 사랑하면, 하나님이 우리 안에 거하시고, 그의 사랑이 우리 안에 온전히 이루느니라. … 하나님은 사랑이시라. 사랑 안에 거하는 자는 하나님 안에 거하고, 하나님도 그 안에 거하시느니라(요일 4:6-12, 16).

사랑보다 더 많은 의미를 갖고 있는 말은 없다. "나는 아이스크림을 사랑해" 혹은 "나는 너의 새 옷을 사랑해" "내 남은 인생동안 너를 사랑할 거야"라고 우리는 말한다. 사랑이라는 말은 어느 장소, 어느 상황에서도 유용하게 사용된다. 그러나 교회를 사랑의 공동체라고 부를 때 우리는 마음속에 특별한 어떤 것을 떠올리게 된다. 신약성경 저자들은 아가페라는 좀처럼 쓰이지 않던 헬라어 단어를 택하여 새로운 의미를 첨가했다. 친구들 사이의 사랑을 의미하는 필레오와 쾌락을 향한 사랑을 의미하는 에로스와는 달리 아가페는 예수 그리스도의 사랑, 다른 사람의 필요를 채워 주는 사랑이다.

칼 바르트는 아가페 사랑을 다음과 같이 묘사했다. "아가페는 자기 자신을 내어 주는 것이다. 이는 에로스적인 사랑처럼 상대방 속에서 자기 자신을 잃어버리는 것이 아니다. 상대방이 매력적인가, 그가 무엇을 주는가, 그와 상호 보완적인 관계인가, 내가 주는 만큼 그에게 보답을 받을 수 있는가를 문제 삼지 않고, 전적으로 상대방의 관심에 자기 자신을 일치시키는 것이다." 아가페의 사랑은 "배신의 위험이 있을지라도 자신을 내어주는 순수한 모험을 한다."[10] "자신을 내어주는 것은 가장 인상적인 느낌을 준다. 심지어 그것은 영웅주의나 희생을 연상케도 한다. 그러나 그것은 사실 특별한 것이 아니다. 왜냐하면 사랑함으로 자기 자신을 내어 주는 것은 단지 우리가 자기 자신에게 속해 있지 않다는 것을 의미할 뿐이기 때문이다."[11] 이웃을 사랑한다는 것은 어떤 의미인가? "그를 위해 보증을 서는 것, 그를 위해 책임을 져 주는 것, 그를 위해 우리를 내어 주는 것… 그것은 그의 보증인이 되어(우리가 그를 좋아 하는가 아닌가, 그가 우리를 좋아 하는가 아닌가 와는 상관없이) 그를 위해 중재하는 것이며, 그 이외에는 아무 것도 바라지 않는 것이다."[12]

교회는 세상을 외면하는 분리주의나, 그 자체의 순결성을 강조하는 도덕주의를 통해서가 아니라, 자기 자신을 내어주는 사랑 즉, 다른 사람들, 특별히 세상에서 소외된 계층, 외롭고 약하고 고통 받는 사람들의 필요를 채워주는 사랑을 통해서 그 거룩함을 드러내게 된다. 그리스도의 신부는 신랑으로부터 축복받은 탕자와 같은 사랑스럽지 못한 자들에게도 자신의 사랑을 나누어주어야 한다.

서로 사랑하라

우리는 이 사랑을 먼저 예수 그리스도의 공동체와 함께 나누어야 한다. 예수님께서는 이렇게 말씀하셨다. "너희가 서로 사랑하면 이로써 모든 사람이 너희가 내 제자인줄 알리라"(요 13:35). 우리가 빛 가운데로 나아가면, 우리는 하나님의 사랑의 빛 안에서 새로운 눈으로 타인들을 볼 수 있고, 그들의 손을 잡을 수 있다. 우리는 반드시 손을 잡고 춤을 추어야 한다. 왜냐하면 이제 막 신앙의 걸음마를 시작했기 때문에, 걸려 넘어지기 쉽기 때문이다. 우리는 지탱하기 위해 서로를 필요로 한다.

클라이드 에드거튼Clyde Edgerton은 그의 소설「Walking Across Egypt」에서 소박하고 지혜롭게 혼자 살고 있는 칠십대 후반의 마티 릭즈비에 대해 말했다. 이 소설에서 마티는 청소년 보호소에서 도망 나온 웨슬리라는 젊은 부랑아를 데려다 키운다. 어느 토요일 밤에 그녀는 그에게 교회에 가본 적이 있느냐고 묻자 그는 없다고 대답한다. 단 한 번, 텔레비전에서 예배드리는 장면을 본 적이 있다고 했다. 이 때, 에드거튼은 마티의 마음속에 떠오른 것을 써내려갔다.

마티는 자신 앞에 있는 물이 필요한 마르고 시든 식물 하나를 보았다. 그는 썩은 이가 보이고 영양분 있는 물을 필요로 하는 창백한 소년이었다. 이 물은 하나님을 찬양하고, 그에게 말을 걸며,

어떻게 지내느냐고 물어 주는 친절한 사람들이다. 이 물은 사람들을 깨끗하게 하고, 아이들을 깨끗하게 하는 시원한 물이다.

노인들은 팔로 부축을 받아 계단을 오르고, 자신들을 도와 준 이에게 감사의 눈길을 보낸다. 젊은이와 노인들은 같은 목적을 가지고 함께 모인다. 그들은 창조주와 예수께 경배하고, 모든 것을 함께하고, 서로를 돌보며, 하나님과 예수와 성경에 관해 읽고, 노래하고 말하기 위해 함께 모인다.

바로 이런 것들이 그의 뺨에 건강한 홍조를 띠게 만들고, 당당한 태도를 갖게 할 것이다. 과연 그럴 것이다. 그는 영리해 보였다. 그런데 교회에 가지 않았기 때문에, 이런 것들을 상실한 것이다. 이것이 그가 구원의 길을 가는 중에 첫 번째 걸림돌이었을 것이다.[13]

예수 그리스도의 공동체는 하나의 확장된 가족이다. 대부분의 가족들처럼 우리는 항상 사랑할 수 있는 것은 아니다. 때때로 우리는 자신의 문제에 사로잡히거나 삶에 지치고 심지어 서로에게 짜증을 내기도 한다. 그러나 우리는 새 신자에게 물을 뿌리는 것을 보면서 세례가 우리에게 기독교인이라는 새로운 이름을 부여해 주었던 것과 부인할 수 없는 하나의 일체감을 안겨 주었던 것을 기억한다. 예수의 이름으로 함께 먹고 마시는 성만찬에 참여할 때, 우리는 그리스도인임을 다시 기억하고, 형제 자매의 더러운 발을 씻어 주기 위하여 타월을 동여매어야 되겠다는 다짐을 하게 된다.

　나는 프랭크를 생각한다. 그는 정력적으로 일하는 협동 변호사로 "변론해 줄 사람이 없는 죄수를 위해" 헌신석으로 발 벗고 나서는 유능한 사람이다. 몇 년 전, 그는 도움이 필요한 사람에게 좀 더 의미 있게 자신을 헌신하라는 하나님의 부르심을 받고 ALS(루 게릭병)로 죽어가는 스티브라는 젊은이가 마비 증세로 마지막 숨을 거둘 때까지 그를 보살피고 도와주었다.

　프랭크는 스티브의 죽음 후에는 암으로 투병중인 하워드를 맡았다. 그는 하워드의 손이 싸늘해져 축 늘어질 때까지 그의 손을 잡아 주었다. 그가 주님의 영원한 안식의 자리에 들어가자 프랭크는 알츠하이머(치매) 진단을 받은 오십대 후반의 유명한 의사 빌에게로 그의 정열을 돌렸다. 그는 나에게 "이 일은 힘들고 꽤 오랜 시간이 걸리겠지만, 저는 그를 돌볼 것입니다"라고 말했다. 그리고 그는 상상하기 힘들만큼 끔직한 고통의 시간들을 빌과 그의 가족과 함께 보냈다. 심지어 그는 수련 중에 있는 신부들을 보기 위하여 빌과 함께 비행기로 그들이 있는 곳까지 갔다. 그는 돌아와서 이렇게 말했다. "목사님, 우리는 재미있는 경험을 했어요. 아주 좋았어요. 제 아들도 함께 데리고 갔는데 왜냐하면 아들에게 예수의 제자들이 해야 할 일이 바로 이런 일이고, 우리는 서로 사랑해야 한다는 것을 보여 주고 싶었어요. 목사님, 저의 아버지가 늘 '우리는 지금 부자다. 그리고 언젠가 우리는 돈을 갖게 될 것이다.' 라고 말씀하신 것처럼 말입니다."

빌이 죽으면 프랭크는 자신의 삶을 내어줄 누군가를 또 찾아갈 것이다. 이것이 바로 공동체가 서로를 위해 해야 할 일이다.

세상을 향한 사랑

공동체는 아직 주의 식탁에 함께하지 못한 사람들에게 그 사랑을 나누어 주어야 한다. 교회는 주님이 위하여 죽으신 사람들로부터 등을 돌릴 수 없다. 거룩함은 세상을 향한 사랑, 아직도 원 안에 들어오지 못한 사람들의 손을 잡으려는 열정적인 소명감, 그들의 절실한 필요를 채워줌으로써, 그들이 우리와 함께 춤을 추도록 인도하는 삶 속에 드러난다.

리차드 셀저Richard Selzer는 글재주가 뛰어난 외과 의사로서 기억할 만한 장면 하나를 기록했다.

나는 젊은 여인이 누워 있는 침대 옆에 서 있었다. 수술 후, 그녀의 입은 마비로 인해 우스꽝스럽게 일그러져 있었다. 입 근육의 작은 신경선을 잘랐기 때문에 그녀의 입은 앞으로도 계속 그 상태로 남아있게 될 것이다. 장담하건데 나는 담당 외과 의사로서 신앙적인 열의를 가지고 그녀의 살을 도려냈다. 하지만 나는 그녀의 볼에 있는 종양을 제거하기 위해 작은 신경 하나를 잘라 내야만 했다.

그녀의 젊은 남편이 방 안에 있었다. 그는 침대의 맞은편 쪽에서 있었다. 그들은 저녁 램프 빛 아래에서 그들만의 은밀한 시간을 보내고 있는 것 같아 보였다. 이들은 누구일까? 나는 나 자신에게 물어 보았다. 내가 만들어 놓은 찌그러진 입을 한 이 여자는 누구이기에 이토록 다정하고도 간절하게 남편을 응시하는가? 젊은 여자가 이렇게 물었다. "제 입은 항상 이런 상태로 있는 건가요?" 나는 대답했다. "예, 그렇습니다. 신경을 잘라냈기 때문이에요." 그녀는 고개를 끄덕인 후 아무 말도 하지 않았다. 그때, 젊은 남편이 미소를 띠면서 말했다. "나는 그게 좋아, 귀여워 보이거든." 그 순간에 나는 그가 누구인지를 알게 되었다. 나는 이해하게 되었고 시선을 떨구었다.

인간이 신과 만나는 순간에는 무례할 수가 없다. 그는 아무렇지도 않게 그녀의 비뚤어진 입에 입맞춤을 하려고 몸을 숙였다. 나는 너무나 가까이 서 있었기 때문에 그가 여전히 서로 입맞춤을 잘할 수 있다는 것을 보여 주기 위해 그 자신의 입을 비틀어서 그녀에게 입을 맞추는 것을 자세히 볼 수 있었다.[14]

교회는 진실한 거룩함의 열정을 가지고 뒤틀린 세상의 입에 입 맞추기 위해 자신의 입술을 비틀어야 한다.

윌리엄 부스William Booth는 런던 거리의 죽어 가는 더러운 걸식자들을 위해 자신의 삶을 바쳤다. 다미엔 허스트Damien Hirst는 자원하여 몰로카이 섬의 나병 환자들과 함께 살았다(자신도 나병 환자가 될 것이 분명한데도). 음악가였고 학자였고 의사였던 슈바이

처는 유럽의 안락한 생활을 버리고 아프리카로 향했다. 임마누엘 수녀는 64세의 나이에 이집트 카이로에 있는 걸인들의 자녀들을 교육시키고 그들에게 예수를 전했다. 그리고 테레사 수녀는 불쌍한 사람들이 사랑의 눈길을 받으며 죽을 수 있는 집을 캘커타에 세웠다.

이런 거룩한 성자들은 잘 알려져 있다. 그러나 그리스도의 백성들은 대부분 이름도 없이 사랑을 실천한다. 지역 공동체를 예로 들면, 내가 목사로 사역했던 교회의 성도들은 하나님의 사랑을 다른 사람에게 전했다. 그들은 가장 도움을 필요로 하는 사람들을 성심껏 도와주었다.

캐더린은 독신자를 위한 봉사 활동을 시작하였고 지금은 이혼자들을 위한 워크숍까지 운영하고 있다. 이것은 상처받은 영혼들을 위한 힘있는 사역이었다. 그녀와 그녀의 팀은 워크숍을 반복해서 개최하면서 깨어진 삶에 활력을 불어넣어 주고 있다.

나의 설교를 들은 버지니아는 안락한 삶에 파장이 일어남을 느꼈다. 그녀는 굶주리고 있는 사람들에 대한 걱정으로 며칠 밤을 잘 수가 없었다. 왜 누군가가 그들을 돕지 않는가? 그녀는 그것을 궁금해 했다. 그때 그녀는 "왜 네가 그들을 돕지 않느냐?"라고 물으시는 주님의 음성을 들었다. 하지만 그녀는 자신이 무엇을 해야 하는지 잘 몰랐다. 그녀는 자신이 세상의 기아 문제를 해결할 수도 없고, 불법 이민자들에 관한 정치 사회적인 문제에 대해서도 어떠한 해답을 가지고 있지 않다는 사실을 잘 알고 있었다. 하지만 그녀는 자신의 집에서 얼마 멀지 않은 곳에 굶주린 이민자들이 살고 있다는 사실을 알게 되었다. 그녀는 자신이 몇 명은 먹일 수 있다고 생각하고, 일주일에 한 번씩 나누어 줄 샌드위치를 만들기 시작했다. 그녀의 친구들도 돕기 시작했다. 마침내 그녀의 부엌은 사랑의 마음으로 참치 샌드위치를 만드는 바쁜 장소가 되었다. 소문은 빨리 퍼져 이제 이민자들은 어디서 점심을 먹을 수 있는지 알게 되었다.

올리브는 에이즈AIDS라는 병이 잘 알려지지 않았을 때부터 이 병의 위험성을 경고하기 시작했다. 그녀는 우리가 모래에 머리를 박고 있게 내버려두지 않았다. 그녀는 감염된 사람들을 도울 수 있는 교육과 전략을 개발하기 위해 에이즈에 관한 협의회를 설립할 것을 주창했다. 이 협의회를 통해 사역이 확대되어 에이즈로 죽어 가는 성인을 위한 집과 에이즈로 인해 생명의 위협을 받고 있는 유아들을 위한 집이 세워졌다.

오브리는 인형 가게를 운영해 돈을 번 후, 가난한 사람들을 돌보는 삶을 살기 시작했다. 그는 유효 만기일이 하루 지난 빵을 승용차에 싣고 국경을 넘어 멕시코의 티후아나 시에 가서 그 빵을 배급하는 일을 시작했다. "하나의 시작이 또 다른 일을 낳게 한다."라는 말이 있지 않는가? 곧 그는 밴 트럭에 빵을 가득 싣게 되었고 얼마 되지 않아 점보제트기에 음식을 싣고 아프리카나 동유럽으로 떠나게 되었다. 하나님께 어린 아이와 같은 믿음을 가졌던 그는 관료적 형식주의와 타락을 헤치고 나가는 방법을 알고 있었다. 몇 년 전, 그는 굶주리고 있는 수많은 사람들을 돕는 일에 동참해줄 것을 교회에게 요청했다. 그는 계곡 근처에 사는 곡물 재배자와 배급자들이 기꺼이 도와줄 것이라는 예감이 들었다고 하면서 장로들에게 트럭과 트레일러를 빌려 달라고 요청했다. 나는 4만 파운드의 바나나를 가득 실은 트럭이 처음으로 우리 교회 주차장으로 들어오던 때를 잊을 수가 없다. 이 후, 오브리는 다른 채소류와 곡물류를 찾아냈고 교회는 두 개의 트레일러 장비를 갖춘 트럭을 구비하여 이제는 일주일에 적어도 10만 파운드의 식료품을 나르게 되었다.

나는 집 없는 자들을 위한 수용 시설, 언덕에 사는 이민자들을 위한 의료 팀, 재난 당한 사람들을 위한 단체들에 관해서도 말할 수 있다. 또한 하나님의 사랑을 실천하는 거룩한 교회들도 소개할 수 있다. 예를 들자면 세계의 많은 교회에 수차례 소개된 바 있는 솔라나 장로교회도 그 중 하나다.

기독교인들은 세계의 많은 문제들을 해결하려고 노력하고 있다. 물론 그것은 쉬운 일은 아니다. 하지만 그들은 성공과 실패를 따지는 것으로부터 자유로울 수 있는 복을 받았다. 어떤 사람이 테레사 수녀에게 물었다. "당신이 이 일을 잘하고 있다고 말할 수 있습니까? 당신은 지금 캘커타에 있고, 아마도 이 도시에서 고통당하고 죽어 가는 사람들의 1%도 돌볼 수 없을 텐데요." 테레사 수녀는 지금은 유명한 말이 된 "나는 성공을 위하여 부름을 받은 것이 아닙니다. 단지 충성하라고 부름을 받았을 뿐입니다"라는 말로 대답을 하였다.

그리스도의 공동체는 하나님께서 거룩함의 영역으로 끌어당기시고 예수 그리스도께 그 중심을 두고 있기 때문에 사랑한다. 예수 그리스도께서는 다가올 심판에 대해 이렇게 말씀하셨다. "그 오른편에 있는 자들에게 이르시되 '내 아버지께 복을 받을 자들아 나아와 창세로부터 너희를 위하여 예비된 나라를 상속하라. 내가 주릴 때에 너희가 먹을 것을 주었고 목마를 때에 마시게 하였고, 나그네 되었을 때에 영접하였고 벗었을 때에 옷을 입혔고, 병들었을 때에 돌아보았고, 옥에 갇혔을 때에 와서 보았느니라.' 이에 의인들이 대답하여 가로되, '주여 우리가 어느 때에 이 모든 일을 행하였나이까.' 왕이 대답하여 가라사대 '내가 진실로 너희에게 이르노니 너희가 여기 내 형제 중에 지극히 작은 자 하나에게 한 것이 곧 내게 한 것이니라'"(마 25:34-40).

사랑의 파괴적인 능력

거짓 신들은 여러 가지 면에서 유용한 것으로 입증될 수 있다. 왜냐하면 이것들은 우리의 마음을 어지럽히면서 방향감각을 상실하지 않고 우리에게 종교적인 영감을 주어 우리의 욕구를 충족시키기 때문이다. 그러나 비록 이것들이 종종 우리가 원하는 것들을 제공해 준다 할지라도 우리의 궁극적 필요들을 채워줄 수는 없다.

오직 거룩하신 분만이 인간 사회를 파괴하고 죽음으로 이끄는 자아 중심성으로부터 우리를 구원해 주실 수 있다. 이 구원은 우리의 삶을 원상태로 돌리는 것에서 시작한다. 전적 타자와의 만남을 통해 우리는 경험할 수 있는 가장 큰 파괴를 경험한다. 왜냐하면 그것은 우리가 신봉하는 신들과 심지어 우리 자신까지 버리라고 우리에게 강요하기 때문이다.

하나님께서 "사랑의 전적 타자" wholly other-in-love 이심을 발견할 때, 우리는 그 사랑 앞에 무릎을 꿇지 않을 수 없다. 우리는 믿음 가운데로 우리의 삶을 전환해야 한다. 중심을 향한 그 전환이 우리로 하여금 새로운 공동체, 즉 예배 공동체, 말씀의 공동체 그리고 사랑의 공동체와 연대를 맺게 한다.

동독의 전 지도자인 발터 울브리히트 Walter Ulbricht 는 언젠가 그의 공산국가에 건설될 새로운 공동체에 대하여 칼 바르트와 대화를 했다. 울브리히트는 공산당이 학교에서 십계명을 가르치고, 그 계명들이 그들의 새로운 공동체를 위한 도덕적 기초를 제공하게 될 것이라고 자랑스럽게 이야기했다. 바르트는 그의 말을 듣고 난 후 정중히 이렇게 물었다. "수상께 한 가지 질문이 있는데 수상께서는 십계명의 첫 번째 계명도 당연히 가르치겠지요?"

"나는 너의 하나님 여호와로라 너는 나 외에는 다른 신을 네게 있게 말지니라."(출 20:2) 이 계명이 우리 삶의 첫 번째 계명이 맞는가?

주

1. 하나님을 가볍게 여기는 시대

1. _ Annie Dillard, *Teaching a Stone to Talk* (New York: Harper & Row, 1982), pp. 40-41.
2. _ Albert Einstein, *Bits and Pieces*, August 1989, p. 15에서 인용.
3. _ John Gardner, *On Leadership* (New York: The Free Press 1990), p. 11에서 인용.
4. _ Stephen Jay Gould, "*The Meaning of Life*," Life, December 1988, p. 84에서 인용.
5. _ Paul K. Jewett, *God, Creation, and Revelation - A Neo-Evangelical Theology* (Grand Rapids: Eerdmans, 1991), pp. 200-201을 보라.
6. _ Frederick Buechner, *Son of Laughter* (San Francisco: HarperCollins, 1993), pp. 131-132.
7. _ Charles Williams, *The Place of the Lion* (Grand Rapids: Eerdmans, 1974), pp. 74-75.

8._ Elie Wiesel, *Night*(New York: Bantam, 1960), pp.72-73.

9._ Arthur Miller, *Timebends*(New York: Harper & Row, 1987), p. 482.

10._ William E. Hulme, *Managing Stress in Ministry*(San Francisco: Harper & Row, 1985), p. 108에서 인용.

11._ Jewett, *God, Creation, and Revelation*, p. 174.

12._ *Leadership Journal*, Fall 1990, p. 129.

13._ Neil Postman, *Technopoly*(New York: Alfred A. Knopf, 1992), pp. 69-70.

14._ Robert Bellah, et al., *Habits of the Heart-Individualism and Commitment in American Life*(Berkeley: University of California, 1985), pp. 232-233.

15._ Bellah, *Habits of the Heart*, pp. 232-233.

16._ Bellah, *Habits of the Heart*, pp. 232-233.

17._ Harold Bloom, The American Religion-The Emergence of the Post-Christian Nation(New York: Simon & Schuster, 1992), p. 15.

18._ Kenneth Grahame, *The Wind in the Willows*(London: Methuen Children's Books Ltd, Magnet Reprint Edition, 1978), pp. 134-136.

2. 잡동사니 신들 앞에서

1._ 시 24:1; 사 58:6-7을 보라.

2._ Gustavo Gutierrez, *A Theology and Liberation*, Caridad Inda.

and John Eagleson, trans, and ed.(London: SCM Press Ltd, 1974), pp. 155-156.

3._ Lesslie Newbigin, *The Gospel in a Pluralistic Society*(Grand Rapids: Eerdmans, 1989), p. 150.

4._ Janet Martin Soskice, "Can a Feminist Call God 'Father'?" *Speaking the Christian God-The Holy Trinity and the Challenge of Feminism*, Alvin F. Kimmel, Jr., ed.(Grand Rapids: Eerdmans, 1992), p. 86.

5._ Rosemary Radford Ruether, *Women-Church: Theology and Practice*(San Francisco: Harper & Row, 1985), p. 104, Elizabeth Achtemeier, "Exchanging God for 'No Gods'," Speadking the Christian God, p. 12에서 인용

6._ Sallie McFague, *Models of God - Theology For an Ecological, Nuclear Age*(Philadelphia: Fortress Press, 1987), pp. xi, 14ff

7._ John P. Diggins, *The Lost Soul of American Politics*(New York: Basic, 1984), p. vii에서 인용.

8._ George M. Marsden, *Reforming Fundamentalism*(Grand Rapids: Eerdmans, 1987), p. 148.

9._ Marsden, *Reforming Fundamentalism*, p. 149.

10._ Diogenes Allen, *Temptation*(Cambridge: Cowley, 1986), pp. 62-63.

11._ Ben Patterson, The Grand Essentials(Waco: Word, 1987), p. 146.

12._ Eberhard Busch, Karl Barth, trans. John Bowden(Philadelphia: Fortress, 1976), p. 489.

13._ Dennis and Rita Bennett, *The Holy Spirit and You*(South

Plainfield: Bridge, 1971), pp. 64-65.
14._ 성령세례의 필수적인 표시가 방언이라는 해석은 대개 사도행전에 의존한다. 사도행전의 초대 교회 이야기에서 성령 강림 후 방언을 말한 경우는 세 번 나온다(행 2, 10, 19장). 하지만 주석학자들은 대부분 이것이 성령의 은사란 전체 교회를 위한 것이며, 성령은 "예루살렘과 온 유대와 사마리아와 땅 끝까지" 이르러 증인이 되라고 하신 주님의 명령(행 1:8)을 돕는다는 것을 보여 주는 역사적 사례를 가리키는 것으로 본다. 이런 은사가 교회 전체의 규범이라면, 왜 신약성경은 이를 서술적인 방법으로만 아니라 규범적인 방법으로까지 논하지 않는가 하는 문제를 충분히 제기할 수 있다. 이를 규범적으로 다루는 것은 고린도전서 14장에 한 번 나오는 데 여기서 바울은 방언할 때 조심할 것을 당부하고 있다.
15._ John Killinger, "When We Stop Being Free," *Pulpit Digest*, July/August 1992, pp. 12-13.

3. 우상의 신전에서

1._ Os Guinness, "America's Last Men and Their Magnificent Talking Cure," *No God But God_Breaking With the Idols of Our Age*, ed. Os Guinness and John Seel(Chicago: Moody, 1992), pp. 111-112.
2._ Guinness, *No God But God*, p. 116.
3._ Thomas Long, "God Be Merciful to Me, a Miscalculator," *Theology Today*, July 1993, p. 166에서 인용.

4._ Philip Rieff, *The Triumph of the Therapeutic-Uses of Faith after Freud*(Chicago: University of Chicago, 1966, 1987).

5._ Robert Wuthnow, "Small Groups Forge New Nations of Community, and the Sacred," *Christian Century*, December 8, 1993, pp. 1,239-1,240.

6._ Kim Hall, *The Door*, September-October 1992와의 인터뷰. "Reflections," *Christianity Today*, August 16, 1993, p. 33에서 인용.

7._ C.S. Lewis, *The Problem of Pain*(New York: Macmillan, 1962), p. 41.

8._ Russell Baker, *Good Times*(New York: Plume, 1990), p. 231.

9._ Tom Sine, "God's Will-And a Little Creativity," *Christianity Today*, February 17, 1989, p. 24에서 인용.

10._ *Preaching*, January/February 1987, p. 53.

11._ Ernest T. Campbell, *Locked in a Room With Open Doors*(Waco, TX: Word, 1974), p. 23에서 인용.

12._ James Bell, "The Baby Boomer Cultural Ethos," *Bridge Over Troubled Water*(Wheaton, IL: Victor Books/SP Publications, 1993), p. 73에서 인용.

13._ Gloria Copeland, *God's Will is Prosperity*(Fort Worth: KCP Publications, 1978).

14._ Russell Chandler, *Racing Toward 2001*(Grand Rapids: Zondervan, 1992), p. 308.

15._ Dan Wakefield, *Returning-A spiritual Journey*(New York: Doubleday, 1988), pp. 198-199.

16._ J.B. Phillips, *The Price of Success*(Wheaton, IL: Harold Shaw,

1984).

17._ Daniel J. Boorstin, *The Americans-The Colonial Experience*(New York: Vintage Books, 1958), p. 3에서 인용.

18._ Boorstin, *The Americans*, p. 5.

19._ Roger Finke and Rodney Stark, *The Churching of America*, 1776-1990(Rutgers University Press, 1992). *Leadership*, Summer 1993, p. 76에서 인용.

20._ Chandler, *Racing Toward* 2001, p.15.

21._ James Patterson and Peter Kim, *The Day America Told the Truth: What People Really Believe About Everything That Really Matters*(New York: Prentice Hall, 1991).

22._ Donald G. Bloesch, "No Other Gospel," *Presbyterian Communique*, January/February 1988, p. 8.

23._ P.J. O'Rourke, *Parliament of Whores*(New York: Atlantic Monthly, 1991), p. 121.

4. 불가지론 찬양

1._ Paul Davies, *The Mind of God*(New York: Simon & Schuster, 1992), *The Living Pulpit*, April/June 1992, p. 7에서 인용.

2._ Donald Bloesch, *A Theology of Word and Spirit - Authority and Method in Theology*(Downers Grove, IL: InterVarsity, 1992), p. 182.

3._ Paul K. Jewett, *God, Creation, & Revelaltion-A Neo-Evangelical Theology*(Grand Rapids: Eerdmans, 1991), p. 86.

4. _ Dietrich Bonhoeffer, *Letters and Papers From Prison*, Regina Fuller, et al., trans.(London: SCM Press, 1971), p. 300.
5. _ H. Richard Niebuhr, *Radical Monotheism & Western Culture*(New York: Harper, 1943), p. 123에서 인용.
6. _ Ben Patterson, *Waiting - Finding Hope When God Seems Silent*(Downers Grove, IL: InterVarsity, 1989), p. 53.
7. _ James Davison Hunter, *Culture Wars-The Struggle to Define America*(New York: Basic Books, 1991), p. 50)
8. _ Robert Wuthnow, *The Struggle for America's Soul - Evangelicals, Liberals, and Secularism*(Grand Rapids: Eerdmans, 1989)을 보라.
9. _ Richard J. Mouw, *Uncommon Decency - Christian Civility in an Uncivil World*(Downers Grove, IL: InterVarsity, 1992)
10. _ Freeman Patterson, *Photography and the Art of Seeing* (Philadelphia: Chilton Books, 1965), p. 9.

5. 하나님의 자기 계시

1. _ John W. Yates II, "Christ's Birth and Your Birth," 1990, *Preaching Today*, tape no. 87.
2. _ Ludwig Feuerbach, *The Essence of Christianity*, G. Eliot, trans., Ferguson, et al., *New Dictionary of Theology*, Downers Grove, IL: InterVarsity, 1988), p. 259에서 인용.
3. _ John Milton, from "On the Morning of Christ's Nativity," in *The Norton Anthology of Poetry*, ed. Alexander W. Allison, et al.(New

York: Norton, 1975), p. 310.
4. _ Heinz Zahrnt, *The Question of God - Protestant Theology in the Twentieth Century*(London: Collins, 1969), p. 15.
5. _ Friedrich Schleiermacher, *The Christian Faith*, H.R. Mackintosh and J.R. Stewart, ed., D.M. Baillie, et al., trans. (Edinburgh: T. & T. Clark, 1928), p. 264.
6. _ T.F. Torrance, Karl Barth - *An Introduction to His Early Theology*, 1910-1931 (London: SCM Press, k 1962), p. 31.
7. _ Karl Barth, *The Word of God and the Word of Man*, Douglas Horton, trans.(London: Hodder & Stoughton, 1928), p. 196.
8. _ Karl Barth, *The Epistle to the Romans*, Edwin C. Hoskyns, trans. (London: Oxford, 1933).
9. _ Barth, *Romans*, p. 29.
10. _ "The Theological Declaration of Barmen," *The Book of Confessions-Presbyterian Church*(USA).
11. _ Maxie Dunnam, *Jesus's Claims - Our Promises, Leadership*, Winter 1988, p. 37에서 인용
12. _ John Macquarrie, *Principles of Christian Theology*(London: SCM Press, 1966), p. 284.
13. _ Macquarrie, *Principles of Christian Theology*, p. 276.
14. _ C.S. Lewis, *The Horse and His Boy*(Middlesex: Puffin, 1954), p. 167-169.
15. _ Paul K. Jewett, *God, Creation, & Revelation - A Neo-Evangelical Theology*(Grand Rapids: Eerdmans, 1991), p. 176.
16. _ Helmut Thielicke, *The Evangelical Faith - Volume 2*(Grand Rapids: Eerdmans, 1977), p. 268.

17._ Freeman Patterson, *Photography and the Art of Seeing*(Philadelphia: Chilton Books, 1965), p. 9.
18._ John P. Meier, *A Marginal Jew-Rethinking the Historical Jesus*(New York: Doubleday, 1991).
19._ John Dominic Crossan, Jesus: *A Revolutionary Biography*(San Francisco: Harper, 1994).

6. 소멸하는 불

1._ 눅 1:35, 4:34 ; 요 6:68.
2._ Frederick Dale Bruner, *The Christbook-A Historical/Theological Commentary*(Waco, TX: Word, 1987), pp. 241-242.
3._ Walter Eichrodt, *Theology of the Old Testament*, Vol. I, trans. J.A. Baker(London: SCM Press, 1961), p. 270.
4._ Gerhard von Rad, *Old Testament Theology*, vol. I, D.M.G. Stalker, trans.(Edinburgh and London: Oliver & Boyd, 1962), p. 205.
5._ O. Procksch, *"hagios,"* in *Theological Dictionary of the New Testament*, vol.I, Gerhard Kittel, ed., Geoffrey W. Bromiley, trans. (Grand Rapids: Eerdmans, 1964), pp. 89-94. 이 책에서 "거룩"이라는 말의 의미 분석은 이 탁월한 사전의 덕을 크게 보고 있다.
6._ 출 3:5 ; 느 11:1, 18 ; 시 28:2 ; 사 11:9 ; 48:2 ; 56:7 ; 64:10.
7._ 레 2:3, 10 ; 7:1 ; 16:4 ; 16:16-17 ; 23:4 ; 27:30.
8._ 호 6:10 ; 9:14 ; 14:1 ; 11:1-4 ; 6:1.
9._ Eichrodt, *Old Testament Theology*, vol. I, p. 281.

10._ Procksch, "*hagios*," p. 93.
11._ 사 41:14, 43:13-15, 47:4, 48:17, 49:7, 59:20을 보라.
12._ Procksch, hagios, p. 94.
13._ Rudolf Otto, *The Idea of the Holy-An Inquiry into the Non-Rational Factor in the Idea of the Divine and Its Relation to the Rational*, John W. Harve, trans.(London: Oxford, 1923), pp. 6-7, 10.
14._ Otto, *The Idea of the Holy*, pp. 12ff.
15._ Otto, *The Idea of the Holy*, p. 31.
16._ L.M. Montgomery, *Emily of New Moon*(New York: F.A. Stokes, 1923), p. 7.
17._ Abraham J. Heschel, *The Prophets*(New York: Harper & Row, 1962), p. 227.
18._ Paul Tillich, *Systematic Theology*, vol.I(Chicago: Univ. of Chicago, 1951), p. 217.
19._ Heinrich Heppe, *Reformed Dogmatics*, rev. and ed. Ernst Bizer, G.T. Thompson, trans.(London: George Allen & Unwin Ltd, 1950), p. 92.
20._ 예를 들면, Albert C. Knudson, *The Doctrine of God*(New York: Abingdon Press, 1930), pp. 335-336(Methodist): Edward Arthur Litton, *Introduction to Dogmatic Theology*, ed. Philip E. Hughes(London: James Clarke, 1960), p. 71(Anglican); Ernest Swing Williams, *Systematic Theology*, vol.I(Springfield: Gospel Publishing House, 1953), p. 187(Pentecostal).
21._ William Newton Clarke, *The Christian Doctrine of God*(Edinburgh: T. & T. Clark, 1909).

22._ 사 6:1-5를 보라.
23._ C.S. Lewis, *The Lion, the Witch, and the Wardrobe*(London: Puffin, 1950), p. 75.

7. 새로운 공동체로의 전환

1._ John Calvin, *Institutes of the Christian Religion*, John T. McNeill, ed., Ford Lewis Battles, trans.(Philadelphia: The Westminster Press, 1960), pp. 37-38.
2._ Tom Long, "Editorial," *Theology Today*, July 1993, p. 167에서 인용.
3._ Cornelius Plantiga, Jr., "Not the Way It's S'pposed to Be: A Breviary of Sin," *Theology Today*, July 1993, pp. 179-180에서 인용.
4._ Donald Baillie, *God Was in Christ*(New York: Charles Scribner's & Sons, 1948), p. 205.
5._ Annie Dillard, *The Living*. Dave Goetz, Leadership, Winter 1993, p. 48에서 인용.
6._ C.S. Lewis, *The Problem of Pain*(New York: Macmillan, 1962), pp. 40-41.
7._ Charles Colson, "Making the World Safe for Religion," *Christianity Today*, November 8, 1993, p. 33.
8._ David Hubbard, *The Holy Spirit in Today's World*(Waco, TX: Word, 1973), p. 29.
9._ Robert Farrar Capon, *Between Noon and Three-A Parable of*

Romance, Law, and the Outrage of Grace(San Francisco: Harper & Row, 1982), pp. 132-133.

10._ J.R.R. Tolkien, *The Return of the King*, vol.3 in *The Lord of the Rings*(New York: Ballantine, 1965), p. 283.

11._ Helmut Thielicke, *Theological Ethicks-Foundations*, WIlliam H. Lazareth, ed.(Grand Rapids: Eerdmans, 1979), p. 317.

12._ Emil Brunner, *Truth as Encounter*, Loos and Cairns, trans.(Philadelphia: The Westminster Press, 1964), p. 117.

13._ 이 이야기는 Doug Jackson이 검토해 달라고 내게 보낸 원고에 나오는 것으로, 아직 출판되지 않았다.

8. 예배 공동체

1._ Elizabeth Achtemeier, "Cause for a Common Thanksgiving?" *Preaching*, November-December 1990, p. 14에서 인용.

2._ Brennan Manning, *Lion and Lamb-the Relentless Tenderness of Jesus*(Old Tappan, NJ: Chosen Books, 1986), pp. 96-97.

3._ Alan Jones가 한 말. "Our Transubstantiation," *Pulpit Digest*, July/August 1993, p. 10.

4._ Richard Keyes, "The Idol Factory," *No God But God*, Os Guinness and John Seel, ed.(Chicago: Moody, 1992), p. 32에서 인용.

5._ "Reflections," *Christianity Today*, October 21, 1988, p. 33에서 인용.

6._ Paul Anderson, "Balancing Form and Freedom," *Leadership*,

Spring 1986, p. 25에서 인용.

7. _ Eugene Peterson, *Reversed Thunder*(San Francisco : Harper & Row, 1988), p. 71에서 인용.
8. _ Paul K. Jewett, *God, Creation, and Revelation - A Neo-Evangelical Theology*(Grand Rapids: Eerdmans, 1991), p. 192.
9. _ Annie Dillard, *Holy the Firm*(New York: Bantam, 1977), p. 60.
10. _ Kenneth Grahame, *The Wind in the Willows*(London: Methuen Children's Books Ltd, Magnet Reprint Edition, 1978), p. 135.
11. _ Ben Patterson, *The Grand Essentials*(Waco, TX: Word, 1987), p. 101.
12. _ Patterson, *The Grand Essentials*, p. 97.

9. 말씀 공동체

1. _ Neil Postman, *Technology*(New York: Knopf, 1992), p. 69.
2. _ Ted Koppel, *Harpers*, January 1986에서 인용.
3. _ by John Killinger, "You Are What You Believe," *Preaching*, July-August 1993, p. 27에서 인용.
4. _ 왕상 19:11-12.
5. _ 시 33:6.
6. _ P.T. Forsyth, *The Person and Place of Christ*(London: Independent Press, 1909), p. 179.
7. _ James Paterson and Peter Kim, *The Day America Told the Truth-What People Really Believe About What Really Matters*(New York: Plume, 1992).

8. _ Dale Bruner, *The Christbook*(Waco: Word, 1987), p. 305.
9. _ *Parables, Etc*, vol.9, no.9, November 1989, p. 6에서.
10. _ 롬 1:16.
11. _ James Daane, *Preaching With Confidence-A Theological Essay on the Power of the Pulpit*(Grand Rapids: Eerdmans, 1980), p. 27.
12. _ John Jess, "The Chapel of the Air," Radio Message 1123.
13. _ Calvin Miller, *Spirit, Word and Story: A Philosophy of Preaching*(Dallas: Word, 1989), p. 198에서 인용.
14. _ F. Dale Bruner, "A Tale of Two Sons," *Christianity Today*, October 4, 1985, p. 47.
15. _ John Hewitt, "To Illustrate…" *Leadership*, May-June 1993, p. 62에서 인용.

10. 사랑의 공동체

1. _ Walter Eichrodt, *Theology of the Old Testament*, vol.I, J.A. Baker, trans.(London: SCM Press, 1961), p. 270.
2. _ Gerhard von Rad, *Old Testament Theology*, vol. I, D.M.G. Stalker, trans.(Edinburgh and London: Oliver & Boyd, 1962), p. 205.
3. _ George Marsden, *Reforming Fundamentalism*(Grand Rapids: Eerdmans, 1987), p. 7.
4. _ John Calvin, *Institutes of the Christian Religion*, vol. II, John T. McNeill, ed., Ford Lewis Battles, trans.(Philadelphia:

Westminster, 1960), p. 1,031.
5. _ Calvin, *Institutes of the Christian Religion*, vol. II, p. 1,161.
6. _ John Macquarrie, *Principles of Christian Theology*(London: SCM Press, 1966), p. 343.
7. _ Macquarrie, *Principles of Christian Theology*, p. 343.
8. _ Macquarrie, *Principles of Christian Theology*, p. 364.
9. _ James Baldwin, Robert A. Raines, *Creative Brooding*(New York: Macmillan, 1966), p. 48에서 인용.
10. _ Karl Barth, *Church Dogmatics* IV/2, trans. G.W. Bromiley (Edinburgh: T. & T. Clark, 1958), p. 745.
11. _ Barth, *Church Dogmatics* IV/2, p. 787.
12. _ Barth, *Church Dogmatics* IV/2, p. 819.
13. _ Clyde Edgerton, *Walking Across Egypt*(New York: Ballantine, 1987), pp. 130-131.
14. _ Richard Selzer, *Mortal Lessons*(New York: Simon & Schuster, 1974), pp. 45-46.
15. _ Vachel Lindsay, from "General William Booth Enters into Heaven," in *The Mentor Book of Major American Poets*, ed. Oscar Williams and Edwin Honig(New York: New American Library, 1962), pp. 269-270.